Lucian Müller

Gedanken über das Studium der klassischen Philologie

Lucian Müller
Gedanken über das Studium der klassischen Philologie
ISBN/EAN: 9783743677234

Hergestellt in Europa, USA, Kanada, Australien, Japan

Cover: Foto ©Thomas Meinert / pixelio.de

Weitere Bücher finden Sie auf **www.hansebooks.com**

GEDANKEN ÜBER DAS STUDIUM

DER

CLASSISCHEN PHILOLOGIE.

SUPPLEMENT

ZU DER

WISSENSCHAFTLICHEN BIOGRAPHIE RITSCHLS.

VON

LUCIAN MÜLLER.

BERLIN

VERLAG VON S. CALVARY & CO.

MDCCCLXXVIII.

An den Leser.

Für die vorliegende Schrift war es leichter, den Inhalt als den Titel zu finden. Den äusseren Anlass bot eine Recension im Litterarischen Centralblatt, den massgebenden mein Interesse für die klassische Philologie und deren Betrieb, der seit alter Zeit einen so grossen Ruhm der Universitäten meiner Heimath, Deutschlands, bildet. Dazu kam der Wunsch, manchen Freunden zu genügen, die bei wohlwollendster Anerkennung dessen, was in der wissenschaftlichen Biographie Ritschl's geboten war, mich ersuchten, über gewisse, in dieser Schrift nur angedeutete oder auch ganz übergangene Fragen, die für den Freund der klassischen Philologie wichtig scheinen, ausführlich meine Ansicht darzulegen. Da nun weitaus der grösste Theil der folgenden Betrachtungen dazu dienen soll, den jüngern, vielleicht auch einzelnen ältern, Philologen nützliche Winke zur Beurtheilung und zum Betrieb ihrer Wissenschaft zu bieten, und auf diesem Gebiet bestehende Unklarheiten zu entfernen, so schien mir der erwählte Titel nicht übel, obwohl manche Expositionen über die Grenzen der klassischen Philologie hinaus gehen, andere sich wieder speciell auf Ritschl beziehen, als Supplement zu dessen wissenschaftlicher Biographie dies Büchlein füglich betrachtet werden kann. Dasselbe ist hoffentlich mit derselben Objectivität geschrieben, die man an der wissenschaftlichen Biographie anerkannt hat. Alle persönlichen Sympathien und Antipathien mussten vor der Wichtigkeit der behandelten Gegenstände weit zurückstehen.

Es zerfällt in zwei Theile, die aber nur der Form nach, nicht nach Inhalt und Plan verschieden sind.

Eine streng systematische Reihenfolge der einzelnen Expositionen kann man mit Rücksicht auf die Entstehung der Schrift nicht fordern.

L. M.

St. Petersburg, 1. Januar 1878.

An Herrn Professor Fr. Zarncke,
Herausgeber des Litterarischen Centralblatts in Leipzig.

Geehrter Herr College!

Schon mehrfach bin ich während der letzten Jahre in dem litterarischen Centralblatt Gegenstand unbilliger, theilweise gehässiger Beurtheilungen oder Anspielungen gewesen. Vornehmlich hat meine jüngste Publication — die wissenschaftliche Biographie Ritschl's — eine ebenso ungünstige als schnelle Kritik erfahren in der Nr. 44 des vorigen Jahrganges, S. 1477 ff.

Nun ist es seit vielen Jahren mein Grundsatz, auf keine Kritik zu repliciren, und gestatten Sie mir, kurz die Gründe dieser Abstinenz darzulegen.

Zunächst wird man, wenn man so viel Lob und so viel Tadel auf seiner litterarischen Laufbahn geerntet hat, wie der Schreiber dieses Briefes, überhaupt ziemlich stumpf gegen alle Kritiken. Deshalb ist es seit langer Zeit meine Sitte, alles, was sich auf mich in der philologischen Litteratur bezieht, lediglich darauf anzusehen, ob ich etwas daraus lernen kann oder nicht. Im ersten Fall wird dies gewissenhaft notirt, gleichviel ob ein Panegyriker oder ein Zoilus, ein Attiker oder ein Böotier das Wort führt; im zweiten wandert das bezügliche Schriftstück ohne Gnade in den Papierkorb.

Ausserdem bin ich der Meinung, dass, nachdem ich so lange, und nicht ganz unrühmlich, in der Wissenschaft thätig gewesen bin, ich einigermaassen ein Recht habe, das Publikum zu ersuchen, es möge beim Erscheinen eines neuen Werks aus meiner Feder ein jeder, der sich für den von mir behandelten Gegenstand interessirt, die Schrift selbst zur Hand nehmen, um zu sehen, wieviel er davon für seine Zwecke brauchen kann, ohne sich allzuviel um Recensionen zu kümmern, da diese aus verschiedenen Gründen häufig viel zu wünschen lassen.

Deshalb habe ich seit lange auf keine Kritik ein Wort erwidert, so leicht mir dies meist gewesen wäre. Oft genug haben Freunde mir gerathen, wenn gar zu unwissende, gedankenlose und hochmüthige Recensionen meiner Werke erschienen, ich solle doch einmal ein Exempel statuiren, das philologische Publikum Deutschlands müsse, da zumal im Augenblick die Zahl der ungünstigen Recensionen meiner Schriften, in Deutschland wenigstens, die der günstigen entschieden überwiegt, zuletzt an mir irre werden. — Ich habe darauf stets entgegnet, dass nach Bentley's Ansicht ein Gelehrter nie durch fremde Kritiken, sondern lediglich durch seine Werke die Achtung des Publikums verlieren kann, dass übrigens wegen des unter manchen Philologen Deutschlands zur Zeit grassirenden Unwesens der Cliquen und Coterieen und des damit verbundenen Klotzianismus meine Werke in meiner Heimath für den Augenblick nicht ganz die Anerkennung finden können, die sie vielleicht verdienen, dass endlich, wer sich im Publikum durch solche Kritiken täuschen lässt, es verdient, getäuscht zu werden.

Wenn ich nun auf die oben erwähnte Kritik entgegne, so geschieht dies keineswegs, weil sie irgend eine wissenschaftliche Bedeutung hätte, oder weil ich fürchtete, es möchte auch nur e in beachtenswerther Leser meiner Schrift über Ritschl durch sie entfremdet werden.

Erlauben Sie mir, für das eben Ausgesprochene kurz den Beweis anzutreten.

Zu einer wissenschaftlichen Kritik gehören, wie jeder sieht, drei Erfordernisse: Sachkenntniss, Urtheil, Zuverlässigkeit.

Ich werde Ihnen an drei Beispielen zeigen, wie es in dieser Hinsicht mit Ihrem anonymen Recensenten, den ich von jetzt ab kurzweg den Anonymus nennen werde, steht.

Um meine Biographie Ritschl's wissenschaftlich zu beurtheilen, waren zunächst erforderlich zwei Sachen, Kenntniss des Plautus und der alten Latinität bis Varro, auf welchem Gebiet, wie Jeder weiss, der Schwerpunkt von Ritschl's wissenschaftlicher Thätigkeit liegt, und Kenntniss der Geschichte der Philologie und Pädagogik.

Was den ersten Punkt betrifft, so gesteht der An. selbst, er sei kein Plautiner und müsse meine Ansichten über plautinische Fragen der Beurtheilung von Specialisten überlassen. Danach ist er überhaupt kein »Specialist« auf dem Gebiet der alten Latinität: denn wie könnte er dort Specialist sein, wenn er nicht im Plautus gründliche Studien gemacht? Was aber seine Kenntniss der Geschichte der Philologie und Pädagogik betrifft, so werden Sie bald sehen, dass von ihm jeder leidlich unterrichtete Student um sein Wissen in diesen Fächern beneidet werden könnte.

Soviel von der Wissenschaft des An. Wie steht es nun mit seinem Urtheil?

Ein Hauptgegenstand seines Tadels ist, dass ich verschiedene Eigenschaften oder Leistungen Ritschl's entweder garnicht oder nur kurz oder, wie er sich graciös ausdrückt, oberflächlich behandelt habe. Ich werde später zeigen, dass diese Ausstellungen nur Beweise seiner Unwissenheit oder Gedankenlosigkeit sind. Aber gesetzt, er hätte überall Recht, so würde doch diese Art der Kritik die verkehrteste und ungerechteste sein, die man sich denken kann. Wenn es schon bedenklich ist, bei bändereichen Werken mehr auf das einzugehen, was ihnen fehlt, als was sie bieten, da, nach den Worten eines deutschen Dichters, gar vieles jedem Werke fehlen muss, so ist eine solche Art der Kritik bei einer Schrift wie die meinige einfach unverständig. Wenn man es unternimmt, auf siebzig Seiten die beinahe fünfzigjährige philologische und pädagogische Thätigkeit eines Gelehrten wie Ritschl darzustellen, und daran noch zahlreiche Betrachtungen über Fragen der Philologie und Pädagogik anzuknüpfen, so leuchtet jedem ein, dass hier vieles übergangen, vieles auch kurz abgefertigt werden musste. Ein begründeter Tadel deshalb würde nur entstehen, wenn ich irgend etwas wichtiges für die Charakteristik von Ritschl's gelehrter und lehrhafter Thätigkeit übergangen hätte. Dass dies aber geschehen, hat der An. nicht einmal versucht zu beweisen, geschweige dass es ihm gelungen wäre.

Wie steht es nun mit der Zuverlässigkeit?

Der An. sagt S. 1480 wörtlich: »Was würde Ritschl wohl von dem Verzeichniss der Schriftsteller gehalten haben, welche der Verf. (S. 13) zur Exegese auf der Universität empfiehlt? Da fehlen z. B. Aristophanes und die griechischen Lyriker, da fehlen Catull und Lucrez, selbstverständlich Plautus und Terenz, und was fehlt nicht alles sonst noch!«

Ich bin, obwohl ich nicht Nekromantik studirt habe, in der angenehmen Lage, dem An. antworten zu können.

Ritschl, der vor allem auf Ehrlichkeit und Gewissenhaftigkeit im gelehrten Verkehr sah (man denke nur an sein Bonner Abschiedsprogramm!) würde geantwortet haben, man solle nie über ein Buch urtheilen, das man nicht gründlich gelesen habe. — Ich sage in meiner Schrift S. 14. 15 folgendes: »Selbstverständlich soll sich aber die Interpretation der Autoren auf den Universitäten nicht auf die in Schulen gelesenen beschränken, sondern auch andere möglichst berücksichtigen, je nach dem Verhältnisse ihres praktischen Nutzens für die Erkenntniss des Alterthums oder der kritischen Probleme, die sie darbieten. Auch für die Uebungen der Seminarien werden solche Autoren entsprechend benutzt werden müssen.«
Und doch erdreistet sich der An., den Lesern des Litt. Centralblattes vorzureden, ich wolle Aristophanes und die griechischen Lyriker, Catull und Lucrez, Plautus und Terenz von den Lectionen der Universitäten ausschliessen! Er hätte höchstens bitten können, dass ich die von mir allgemein bezeichneten Schriftsteller im Detail angäbe!

Ihr Scharfsinn, Herr College, hat bereits erkannt, dass der An. in jeder Hinsicht zu tief steht, als dass ich mit ihm ernstliche Polemik führen könnte.

Durch eine seltsame Fügung des Schicksals ist einige Wochen vor Ihrer Recension ein Urtheil über meine Schrift kund geworden, das etwas verschieden lautet. Ich erwähne dies, obgleich ich es brieflicher Mittheilung verdanke, unbedenklich, da es keineswegs in privatem Kreise, sondern vor den versammelten Philologen Deutschlands abgegeben ist. Ein Freund Ritschl's in Glück und Unglück von der Studentenzeit bis zum Grabe, ein langjähriger College, ein genauer Kenner seines Charakters wie seiner Werke, endlich eine Autorität auf dem Gebiete der Gelehrtengeschichte wie Friedrich August Eckstein, hat auf der Philologenversammlung dieses Jahres in öffentlichem Vortrag meine Schrift über Ritschl zusammengestellt und verglichen mit Ruhnken's »elogium Hemsterhusii.« Sehr bezeichnend für die Ehrlichkeit gewisser Leute ist es, dass in den Referaten der Kölnischen Zeitung und der Berliner Nationalzeitung, den einzigen, die mir zu Gesicht gekommen sind, dieses Urtheil Eckstein's mit keiner Silbe erwähnt war, wogegen ein unbegründeter Tadel desselben Gelehrten (falls ihm derselbe wirklich entfallen ist), statt ihn zu berichtigen, sorgfältig vermeldet wurde [1]).

Eckstein also charakterisirte meine Schrift durch eine Vergleichung mit Ruhnken's »elogium Hemsterhusii« als eine Darstellung meiner Ansichten über »ars nostra« am Faden der Thätigkeit Ritschl's. Dass es nicht etwa in der Weise geschehen, dass jener Gelehrte sie als abschreckendes Beispiel jenem grössten Meisterwerk einer wissenschaftlichen Biographie gegenüberstellte, sondern mit Lob, kann

---

[1]) Es hiess dort, Eckstein habe es getadelt, dass ich Ritschl zum Schüler Hermann's gemacht. Ich sage aber S. 2. meines Buches das Gegentheil. Eckstein schrieb mir, er entsinne sich der bezüglichen Angabe nicht genau. Sollte er wirklich den Irrthum begangen haben, so erklärt sich dieser einfach daraus, dass der Redner durch einen Zufall kurz vor Beginn seines Vortrags die darauf bezüglichen Papiere verloren hatte, die sich erst später wiederfanden, und so seinen Vortrag zu improvisiren genöthigt war. Dass übrigens Hermann auf Ritschl's plautinische Studien bedeutsam influirt hat, weiss jeder. und ist dies auch S. 25, 31 der wissenschaftlichen Biographie erwähnt. Dazu brauchte er aber nicht Hermann's Schüler zu sein. Wie oft Gelehrte auf andere influiren, auch auf solche, die nie ein Colleg bei ihnen gehört haben, ist bekannt genug.

verbürgt werden. Und wenn Eckstein mein Werk auch keineswegs für ebenbürtig gehalten haben mag, sondern nur für ähnlich, so war doch jenes Urtheil, von solcher Autorität herrührend, der schönste Lohn, der mir zu Theil werden konnte; und gern bekenne ich jetzt, dass mir Ruhnken's unsterbliche Leistung als Muster meiner Arbeit vorgeschwebt hat.

Füge ich noch hinzu, dass bekannte und angesehene, ihrem Lehrer unbedingt ergebene Schüler Ritschl's mir in warmen Worten ihren Dank ausgesprochen für das Denkmal, das ich Ritschl gestiftet habe, so darf ich wohl an das Publicum, Sie, lieber Herr College, mit eingeschlossen, einfach die Frage richten: utri parti creditis, Quirites? — Damit wäre die bezügliche Recension abgethan.

Wenn ich trotzdem bei ihr noch länger verweile, so geschieht es nicht sowohl deshalb, um dem Publicum durch Beseitigung einer ungerechten Kritik mit Hinblick auf ähnliche sagen zu können:

crimine ab uno
disce omnes,

sondern weil ich vielleicht das Talent besitze, aus dem unwissendsten, unreifsten Gerede Stoff oder vielmehr Anlass zu brauchbaren, der Beachtung nicht unwürdigen Expositionen zu nehmen. Ich hoffe zu bewirken, dass Sie, wie Scaliger von dem Persius des Casaubonus, sagen: »la sauce vaut mieux que le poisson.«

Ausserdem influirt bei dieser Publication das Interesse für Ihre Zeitschrift, der auch ich lange Zeit ein häufiger und von Ihnen gern gesehener Mitarbeiter war. Die vorliegende Schrift dürfte Sie veranlassen, künftig vorsichtiger in der Wahl Ihrer Recensenten zu verfahren. Denn das Vertrauen und die Sympathie des Publicums zum Litterarischen Centralblatt können durch Kritiken wie die oben erwähnte unmöglich gewinnen.

Zu ändern wüsste ich nichts an meiner Schrift, wie schon in dem Vorwort zur zweiten Ausgabe bemerkt ist, doch geschieht wohl Manchem ein Gefallen, wenn ich dies oder jenes, was dort kurz angedeutet, ausführlicher darlege.

Ich werde mich aber überall der grössten Kürze befleissigen. Sonst wäre es mir leicht, wenn ich alles, was ich über die wichtigsten Fragen der Philologie und Pädagogik oder auch über Ritschl noch zu sagen habe, entwickeln wollte, statt einer Brochüre ein justum volumen zu produciren.

Zur Sache also!

Der An. nimmt Anstoss S. 1477, dass ich meine Biographie als eine »wissenschaftliche« bezeichne. Ich würde dies mit Stillschweigen übergehen, wenn ich nicht fürchtete, dass auch manche kundigere Leute als er über das Wesen einer wissenschaftlichen Biographie nicht recht im klaren sind. Deshalb definire ich diesen Begriff.

Unter einer wissenschaftlichen Biographie verstehe ich und kann man nur verstehen die objective Darstellung der wissenschaftlichen und, wo solche statt gefunden, pädagogischen Thätigkeit eines Gelehrten, bei der seine Lebensgeschichte und sein Charakter nur so weit in Betracht gezogen werden, als sie für die Entwickelung seiner wissenschaftlichen oder pädagogischen Thätigkeit Beachtung verdienen.

Die weit überwiegende Mehrzahl aller philologischen Biographien kann auf das Prädicat »wissenschaftlich« keinen oder nur bedingten Anspruch erheben.

Ich will hier nicht einmal urgiren, dass die meisten

eine übertriebene Werthschätzung der Leistungen ihrer Helden zeigen. Diesen Fehler haben sie mit sehr vielen Biographien von Grössen aus anderen Gebieten der menschlichen Thätigkeit gemeinsam; und er lässt sich psychologisch leicht erklären aus dem Egoismus unserer Natur. Ein ungleich wichtigerer, der grossen Mehrzahl philologischer Biographien gradezu verhängnissvoll gewordener Uebelstand war es, dass man den Schwerpunkt in die Schilderung des Lebens und des Charakters der bezüglichen Gelehrten legte, statt in die Darstellung ihrer wissenschaftlichen Leistungen, oder doch diese mit jener unleidlich verquickte. Was zunächst die äusseren Verhältnisse der Philologen seit der Renaissance betrifft, so mögen die persönlichen Schicksale der Gelehrten des 15., 16. und 17. Jahrhunderts bei dem unsteten Wanderleben, der Betheiligung an den politischen und religiösen Wirren Vieler unter ihnen oft ein ebenso grosses, gelegentlich ein grösseres Interesse erwecken als ihre Werke. Seit dem 18. Jahrhundert ist dies, zumal in Deutschland, auf das ich in dieser Schrift besonders Rücksicht nehme, ganz anders geworden. Bekanntlich kommt es heutzutage dort selten vor, dass ein Gymnasiallehrer zu einer akademischen Stellung berufen wird, was vom wissenschaftlichen Gesichtspunkte zu billigen, vom pädagogischen vielleicht zu missbilligen ist. Ein Philologe also, der sich nicht dem Gymnasialfach widmen, sondern, um mehr der Wissenschaft leben zu können, eine Universitätsprofessur erlangen will, wird in der Regel Privatdocent und erlebt die kleinen Freuden und Leiden des akademischen Microcosmus, bis er entweder Professor wird oder, im ungünstigen Fall, die Carriere aufgiebt. Voilà tout! Grade philologische Docenten sind ferner nach der Natur ihrer Disciplin gegenwärtig weit weniger mit den brennenden Zeitfragen verknüpft als die Vertreter vieler anderen Fächer. So bietet denn das Leben der allermeisten grossen Philologen Deutschlands seit Gessner, Ernesti, Heyne und Wolf nur wenig Interessantes. Auch Ritschl's Leben würde, wenn nicht der Streit mit Jahn und seine verhängnissvollen Consequenzen hineingefallen wären, äusserlich kaum etwas Bemerkenswerthes aufweisen.

Noch verkehrter ist es, sich allzuviel mit dem Charakter der geschilderten Grössen zu beschäftigen. — Gewiss soll man von jedem Gelehrten verlangen, dass er neben der Pflege der Wissenschaft auch seinen Charakter sorgsam bilde, die schlechten Neigungen, an denen die menschliche Natur laborirt, unterdrücke, die guten zu immer grösserer Vollkommenheit entwickele. Allein ganz dasselbe Postulat gilt für alle übrigen Sterblichen. Will man an einen Gelehrten die moralischen Forderungen höher stellen, weil die Beschäftigung mit den subtilsten, oft auch den wichtigsten Gegenständen des menschlichen Intellects ihn über die Misère des Alltaglebens emporheben müsse — ich habe nichts dagegen; obwohl andererseits der Spruch des Dichters: »es bildet ein Talent sich in der Stille, doch ein Charakter im Geräusch der Welt« volle Beachtung verdient. Nur wird selbst der verkommenste Pedant nicht behaupten, dass ein grosser Gelehrter immer ein guter oder gar grosser Charakter sei, oder dass jemand, der, meinetwegen stets, schlechte Bücher geschrieben hat, darum ein schlechter oder unbedeutender Mensch sein müsse. — Talent und Charakter sind eben zwei verschiedene Strahlenbrechungen der göttlichen Flamme, die in uns wohnt. — Sie können in derselben Person vereinigt sein, und sind es öfters, aber nicht immer.

Danach interessiren Leben und Charakter der Philologen neuster Zeit nur ihre Angehörigen und Freunde. Was aber alle Fachgenossen angeht, sind ihre Werke. Die Werke sind überhaupt, wie man mit Recht gesagt, die Thaten des Gelehrten.

Ein wissenschaftliches Werk aber ist ein Product des Intellects.

Fragen wir nun, was die wissenschaftlichen Leistungen eines Gelehrten mit dem Charakter zu thun haben, so ergiebt sich, dass die Forschung nur ein Gebiet mit der Moralität gemein hat: die freie, unbedingte Wahrheitsliebe. Denn die Aufgabe der Wissenschaft ist das Finden der Wahrheit, mag diese nun gross oder klein, süss oder bitter sein.

Daraus folgt, dass in der Wissenschaft nichts unmoralisch ist, als ein bewusstes Entstellen der Wahrheit.

Dies kann sich entweder in absichtlicher Fälschung des wissenschaftlichen Thatbestandes zeigen, sowie in berechneten Trugschlüssen, nach Art der Sophisten, ohne Rücksicht auf andere Gelehrte, oder bei dem Verhältniss zu diesen darin, dass man unbequeme Gegner mit Stillschweigen übergeht oder ihre Werke vorsätzlich niedriger stellt als sie verdienen und andererseits die Leistungen der Freunde wissentlich über Gebühr erhebt.

Wer wollte nun leugnen, dass all diese Verirrungen in der klassischen Philologie oft vorgekommen? Sie haben denn auch bei vielen Vertretern der exacten Wissenschaften jene Missachtung gegen unsere Disciplin erzeugt, die in Wahrheit nur manchen Philologen gebührte.

Doch thut man gut, grade bei der klassischen Philologie jene Auswüchse nicht zu tragisch zu nehmen. — Was zunächst die illoyale Polemik gegen andere Gelehrte betrifft, so kann diese in Wissenschaften, die mehr mit dem praktischen Leben zusammenhängen, für den Betroffenen zuweilen grosse Unannehmlichkeiten haben, Unannehmlichkeiten, die sich in finsteren Jahrhunderten gelegentlich bis zu Marterkammer oder Scheiterhaufen steigerten: bei der Philologie mit ihren, den Interessen und Bestrebungen der Gegenwart ziemlich fremden, Objecten kann ein ähnliches Verfahren schlimmsten Falls bewirken, dass der Gekränkte etwas später Professor wird als er es verdiente. Dies ist für ihn augenblicklich ein Nachtheil: kommt er aber endlich an's Ziel, so erweist es sich als ein unschätzbarer Vortheil. Denn er hat inzwischen Zeit gehabt, durch immer weitere und tiefere Studien theils sich vor Einseitigkeit zu schützen, theils eine Fülle nur der Ausarbeitung bedürftigen Stoffes zu sammeln, und kann als Professor lange Jahre von den Errungenschaften früherer Tage zehren. Kommt aber jemand unreif und ohne genügende Vorbereitung in's Amt, so wird es ihm später sehr schwer werden, das Versäumte nachzuholen, und um seine litterarische Reputation einigermassen zu wahren, wird er oft genöthigt sein, zu den geringfügigsten oder entlegensten Theilen seiner Disciplin zu flüchten. Abgesehen von der grossen Mühe, welche das Ausarbeiten vieler und oft ziemlich verschiedenartiger Collegien veranlasst, wird die freie Zeit zumal der Deutschen Professoren noch stark durch Facultätssitzungen, Examina von Doctoranden und Candidaten des Lehramts, Durchsicht von Dissertationen oder anderen schriftlichen Arbeiten in Anspruch genommen, so dass ihnen, wenn nicht die grossen Ferien wären, die aber doch oft genug zur geistigen und körperlichen Erholung nöthig sind, wenig Zeit zur gründlichen Ergänzung der fehlenden Kenntnisse oder zu grossen, einheitlich angelegten Werken bliebe. Was ferner das in manchen Kreisen nicht unbeliebte Todtschweigen unbequemer und gefürchteter Gegner betrifft, so ist die Verwerflichkeit dieses Mittels so augenscheinlich, dass wer nur irgend moralisch und intellectuell in Betracht kommt, dasselbe gebührend zu würdigen weiss. Wo aber eine Entstellung der wissenschaftlichen Deduction, wo ferner ein Ueberschätzen des Mittelmässigen, ein Herabsetzen des Vorzüglichen stattfindet, muss man sich zehnmal bedenken, ehe man ein moralisches Verdammungsurtheil fällt, schon deshalb, weil man fast nie wird entscheiden können, ob die bezüglichen Fehlgriffe absichtlich oder unabsichtlich begangen sind. Im ersten Fall liegt freilich eine moralische Verirrung vor, im zweiten aber nur eine intellectuelle; und dann muss man die Delinquenten offenbar vielmehr bedauern als anklagen. Denn moralische Gebrechen lassen sich durch ernstes Bestreben meist beseitigen oder doch mildern: gegen Mangel an Talent aber ist kein Kraut gewachsen.

Aus dem Gesagten ergiebt sich auch, wie abgeschmackt es ist, wenn Gelehrte, zumal Philologen, von sich oder andern rühmen, es sei ihnen bei ihren Forschungen nur um die Wahrheit zu thun. Ziel der Wissenschaft ist ja eben die Erkenntniss des Wahren, Aufgabe der Gelehrten diese Erkenntniss zu fördern. Dazu werden sie vom Staat angestellt; das erwartet von ihnen das Publicum. Es ist also ebenso verkehrt, wenn ein Gelehrter sich seiner Wahrheitsliebe rühmt, als wenn jemand, der auf den Markt geht, sich rühmen wollte, dass er mit echtem, nicht mit falschem Gelde bezahlt. Wer dies thut, ist ehrlos; wer es nicht thut, hat noch lange keinen Anspruch auf Lob: er erfüllt eben einfach seine Schuldigkeit. Nun ist es freilich in manchen Wissenschaften zuweilen vorgekommen, dass Gelehrte, um vor dem Publicum zu glänzen oder um persönlicher Vortheile willen, die Wissenschaft gefälscht haben: bei der klassischen Philologie, mit ihren von den praktischen Interessen der Gegenwart so weit abliegenden Problemen, fällt selbst diese Entschuldigung fort. Wir führen ein vom Publicum wenig beachtetes, freilich dafür auch wenig gestörtes Stillleben. Das Publicum interessirt sich im allgemeinen höchstens für die pädagogische Methode des klassischen Unterrichts an den höhern Lehranstalten. Neue Resultate der Wissenschaft aber dürfen für diesen erst, wenn sie ganz feststehen, und auch dann nur mit Vorsicht verwendet werden. — Im übrigen — was wir heute bauen, reissen wir, wie der grösste Philologe Deutschlands, F. A. Wolf, sagt, morgen wieder ein, ohne dass sich jemand darum kümmert. — Selbst die Gunst der Mächtigen dieser Erde hat sich seit den Zeiten der Ptolemaeer und Caesaren gründlich von uns abgewandt. Die Geschichte des Mittelalters und der Neuzeit verzeichnet unter den gekrönten Häuptern gar manchen Theologen, Philosophen, Alchimisten u. s. w., aber kaum einen Philologen, falls man nicht, wogegen wir protestiren, Philologe mit Schöngeist identificirt. — Ferner greifen die humanistischen Studien heut keineswegs wie im 16. und 17. Jahrhundert in die religiösen Kämpfe ein. — Wozu sollten wir also unsere Wissenschaft fälschen? Was für Gewinnst könnte uns daraus erspriessen? Also, verlohnt es sich nur eines Wortes, wenn wir ehrlich bleiben, wo es so unendlich leicht ist? »Nulla est laus, ibi esse integrum, ubi nemo est, qui velit corrumpere.«

Dadurch nun, dass die meisten philologischen Biographien den Schwerpunkt in die Schilderung von Lebensumständen und Charakter des Verstorbenen legen, sind sie oft nur halb, häufig kaum zum zehnten Theil, wissenschafliche. Neben der Subjectivität, die sich zu allen Zeiten in der klassischen Philologie mehr als billig geltend gemacht, und neben dem Unwesen der Cliquen und Coterien hat hauptsächlich das Mangelhafte der meisten philologischen Biographien es bewirkt, dass diese Disciplin trotz der grossen Menge ausgezeichneter Geister, die sich mit ihr seit fünf Jahrhunderten beschäftigt haben, noch so weit zurück ist, und wenn wir ehrlich sein wollen, in den meisten Gebieten eben erst ein achtungswerther Anfang gemacht ist. Dafür blüht in solchen Machwerken üppig die Phrase, jener Krebsschaden der klassischen Philologie, die mir im Grunde der Seele verhasst ist. Goethe sagt einmal, er habe nie auf das empfindsame Volk etwas gehalten, weil bei Gelegenheit nur schlechte Gesellen daraus würden: man kann mit demselben Rechte sagen, dass auch der fähigste Kopf, wenn er unter die Gewalt der Phrase geräth, für die Wissenschaft verloren ist.

Man sollte meinen, dass nichts mehr zu einer Darstellung in objectivstem Styl sich eigne, als die wissenschaftlichen Leistungen eines bedeutenden Todten. Der Hass und Neid, die Verläumdung und Intrigue der Feinde, denen ein ausgezeichneter Gelehrter im Leben oft hinderlich, schon seine Existenz ein stiller Vorwurf ist, können sich bei seinem Grab beruhigen; der Eifer und das Ungestüm der Freunde, die jenen bei seinem Kampfe um das Dasein oft mehr denn billig zu loben oder minder als recht zu tadeln verleitet sein konnten, dürfen sich mässigen. Eine Fülle des edelsten Stoffes der Belehrung ist geboten; denn, wie bekannt, lernt man aus den Fehlern grosser Gelehrten häufig mehr als aus den Tugenden mittelmässiger. Und was geschieht nur zu oft? Man fährt fort, auf der einen Seite mit gedankenlosem Lobe, auf der andern mit kleinlicher Gehässigkeit. Wie die Griechen und Trojaner um des Patroclus Leichnam, streiten sich die beiden Parteien weiter, unbekümmert um die Forderungen der Wahrheit und die Würde der Wissenschaft. Bei diesem Drängen und Ziehen entsteht ein Zerrbild, das unmöglich zur Verschönerung des Gedächtnisses an den Verstorbenen beitragen kann, unmöglich im Stande ist, dem Jünger der Wissenschaft zu zeigen, was er thun und was er lassen soll.

Die Zahl nun der fast garnicht oder nur zur Hälfte wissenschaftlichen Biographien ist Legion: die rein wissenschaftlichen kann man beinah an den Fingern abzählen.

Ferner wird es nicht befremden, dass diese stets von beschränktem Umfang sind, jene dagegen meist ellenlang. Denn zu Phrasen gehören nur Worte: zu wissenschaftlichen Deductionen Gedanken.

Ein unübertreffliches Meisterwerk nun der wissenschaftlichen Biographie, nach Inhalt und mit einigen Ausnahmen auch nach Form, ist Ruhnkens »elogium Hemsterhusii,« dessen Lectüre zumal dem jüngeren Geschlecht, soweit dasselbe der Belehrung überhaupt zugänglich ist, nicht genug empfohlen werden kann. Man darf dreist sagen, dass diese Schrift nicht minder Ruhm und Verbreitung erlangt haben würde als Lessing's antiquarische Briefe, wenn sie nicht unglücklicher Weise lateinisch geschrieben wäre, und das Latein nicht seit Ruhnken's Zeit zum grossen Schaden für die Wissenschaft immer mehr aufgehört hätte, die Sprache der Gelehrten zu sein. Freilich wird sie eben so wenig alle unwissenschaftlichen Köpfe von der Wissenschaft zurückschrecken können als Lessing's antiquarische Briefe den Klotzianismus zu ertödten im Stande waren. — Fast alle Regeln der philologischen Kritik, die später Wolf und Lachmann verwerthet haben, liegen in Ruhnken's Schriftchen theils offen ausgesprochen, theils genügend angedeutet vor. Möglich, sogar wahrscheinlich, dass er die wissenschaftliche Persönlichkeit des Hemsterhuis zu einem Ideal verklärt hat, das der Wirklichkeit nicht ganz entsprach;[1]) aber dies thut dem Werth der Arbeit kaum Abbruch. Denn, ausgegangen von einem jedenfalls ausgezeichneten Geiste, zeigt uns Ruhnken in objectiver Vollendung das Wesen und die Erfordernisse des Kritikers, indem er vielleicht die Person des Gefeierten höher stellt als sie verdient, aber nirgend, wie das bei nicht wissenschaftlichen Biographien der Fall ist, die höchsten Anforderungen an die Wissenschaft auf ein geringeres Mass reducirt, oder durch Schönfärberei verkehrte Richtungen bemäntelt oder Andersdenkende verketzert. — Prüfen wir nun, wie weit Ruhnken's »elogium« mit den vorhin von mir aufgestellten Forderungen einer wissenschaftlichen Biographie im Einklang ist.

Oder auch, *si parva licet componere magnis* — halten wir mit Ruhnkens elogium die Postulate des An. zusammen!

Der An. tadelt, dass ich persönliche Erlebnisse Ritschl's, wie z. B. sein Ausscheiden aus dem Preussischen Staatsdienst, nicht ausführlich genug behandelt habe. — Ruhnken kannte gewiss seines Lehrers, Freundes und Wohl-

---

[1]) Gesch. der klass. Philol. in den Niederlanden S. 81, 82.

thäters Hemsterhuis langes Leben in Freud und Leid besser denn irgend jemand. Und wie behandelt er es? In einer Anmerkung von sechs Zeilen, einer der wenigen Anmerkungen des Buches. Dagegen bin ich noch sehr ausführlich gewesen. — Der An. tadelt, dass ich über Ritschl's Charakter nicht genügend Licht verbreitet hätte. Ruhnken spricht sich zwar über Hemsterhuis Charakter ziemlich ausführlich aus; allein der feine Leser merkt leicht, dass er den Charakter seines Helden nur in soweit geschildert, als er für die Würdigung des Gelehrten in Betracht kam. Genau so habe ich es auch gemacht.

Der An. tadelt, dass ich Ritschl's Differenzen mit der Preussischen Regierung zu kurz behandelt, seine Beziehungen zu Napoleon III. garnicht erwähnt habe. Er zeigt nur überall seine Gedankenlosigkeit.

Was den Streit mit Jahn und alles, was daran und darum hing, betrifft, so kamen für eine wissenschaftliche Biographie nur zwei Momente in Betracht: der Einfluss, den Ritschl's Ausscheiden auf die Universität Bonn geübt, und der Einfluss, den die Sache auf Ritschl selbst, bezüglich die Universität Leipzig, der er nach Bonn seine Thätigkeit widmete, geäussert hat. Ueber beides ist gehandelt S. 5. meiner Schrift. Dass Ritschl persönlich der Abgang von Bonn unangenehm war, weiss ich sehr wohl. Dies war aber für eine wissenschaftliche Biographie gar nicht von Belang. Dagegen will ich hier eine Bemerkung nicht unterdrücken, die nicht blos ich gemacht. Es scheint mir nämlich, dass Ritschl, der, wie noch seine letzte Publication zeigt, im Grunde eine streitbare Natur war, der Streit mit Jahn, so ärgerlich und in seinen Folgen unerfreulich er war, doch körperlich und geistig weit mehr gekräftigt als geschwächt hat, so dass, mochte die Veranlassung auch eine unangenehme sein, das Resultat ein solches gewesen ist, das sowohl ihm als der Wissenschaft erspriesslich war.

Alles nun was der An. vermisst, lag weit ausserhalb, und zwar unterhalb, einer wissenschaftlichen Biographie. In der That, was hätte die Wissenschaft dabei gewonnen, wenn ich all die Phasen des Streites zwischen Ritschl und Jahn bis zu Ritschl's Ausscheiden aus dem Preussischen Staatsdienst mit epischer Breite behandelt hätte? Was hätte sie gewonnen, wenn ich Ritschl's Verhalten gegenüber Napoleon III. geprüft, und die anonym erschienene, aber jedenfalls von Ritschl verfasste oder doch von ihm inspirirte Vertheidigung für glücklich oder auch für nichtglücklich erklärt hätte? Garnichts würde die Wissenschaft dabei gewonnen haben, die Darstellung von Ritschl's philologischer und pädagogischer Thätigkeit ebensowenig das Geringste. Mögen Andere, die dies mehr interessirt, untersuchen, was für eine wissenschaftliche Biographie ganz indifferent, ob Ritschl als Mensch durch Analyse dieser und ähnlicher Episoden aus seinem Leben immer und überall gewonnen hätte, oder ob — abgesehen von den in meiner Biographie angedeuteten Mängeln seines Charakters — der Kampf um das Dasein, den Ritschl wie so viele ausgezeichnete Männer seit seiner Jugend eigentlich mehr oder weniger bis an sein Ende hat führen müssen, auch ihn veranlasst hat, nicht immer liebliche Mienen aufzusetzen, wie ein dem An. vielleicht oberflächlich bekannter Philosoph, Schopenhauer, sagt. Dass mich übrigens hier, wie überall in der wissenschaftlichen Biographie, nicht besondere Sympathie für Ritschl's Gegner oder gar das Bestreben um ihre Gunst geleitet hat, wird jeder, der nur einigermassen mit meinen Schriften bekannt ist, leicht ermessen.

Der An. wirft mir vor, dass in der Aufzählung von Ritschl's Werken gar manches Wichtige (d. h. was ihm wichtig scheint) fehle — als ob ich der Bibliograph Ritschl's hätte sein wollen, nicht der Biograph. Er sehe nur, wie sich Ruhnken mit der Bibliographie bei Hemsterhuis abfindet, obwohl dieser, eine ziemlich behäbige und bequeme Natur, sehr viel weniger publicirt hat als Ritschl.

Ueberhaupt wieviel fehlt doch dem elogium Hemsterhusii! Wieweit ist die Kunst der philologischen Biographie seit Ruhnkens Zeit fortgeschritten!

Die persönlichen und litterarischen Differenzen des Hemsterhuis sind entweder ganz übergangen oder nur flüchtig angedeutet. Die Gegner werden meist bezeichnet ohne Namen, allen, selbst einem Burmann gegenüber, ist das Decorum gewahrt, man findet keine Verdächtigung oder Herabsetzung anderer Grössen der Gelehrsamkeit, Ruhnken meinte offenbar, beschränkterweise, man könne einem bedeutenden Gelehrten Gerechtigkeit wiederfahren lassen, ohne andere vielleicht ebenbürtige, aber verschiedenartige herabzusetzen (denn man täusche sich nicht, für die Wissenschaft gilt grade wie für das Leben der Spruch eines berühmten Philosophen, dass kein grosser Mann ohne eine gewisse Beschränktheit zu denken ist); es fehlt endlich — man denke, welcher Schade! — jeder Beitrag zur philologischen chronique scandaleuse jener Zeiten.

Ich muss nun diese Oase verlassen, und weiter durch die Wüste des An. wandern; doch werde ich mich thunlichst nur da verweilen, wo sein Gerede mir eine, wenn auch noch so indirecte, Veranlassung giebt, eigene Bemerkungen über Ritschl oder die Wissenschaft, der er diente, vorzubringen.

Als Curiosum erwähne ich aber, dass der An. den Schlüssel für das Verständniss meiner Schrift darin gefunden hat »dass sie zunächst russisch, im Journal des Ministeriums der Volksaufklärung erschienen ist, und daher vieles enthält, was in Deutschland trivial, zum mindesten überflüssig und störend erscheinen muss.« — Er hat offenbar sehr unklare Vorstellungen von der Natur dieses Journals. Dasselbe ist zwar das officielle Organ des K. Russischen Ministeriums der Volksaufklärung; allein die officiellen Erlasse nehmen nur einen geringen Raum ein, bei weitem der grösste Theil ist rein wissenschaftlichen Abhandlungen zur Verfügung gestellt. Durch die lebhafte Fürsorge des gegenwärtigen Ministeriums ist ferner seit einigen Jahren eine besondere Abtheilung für klassische Philologie und Pädagogik eröffnet worden (in der man gelegentlich, liberalerweise, auch auswärtiger Philologen, z. B. einzelner Schüler Ritschl's, Arbeiten publicirt hat), und in dieser pflegen meine Beiträge meist zu erscheinen. Dass Bemerkungen, wie über das Zeitalter des Terenz, die Einrichtung der philologischen Seminarien Deutschlands, nicht speciell mit Bezug auf Russland eingeflossen sind, ergiebt sich für jeden Denkenden daraus, dass, wie im Vorwort bemerkt, die Deutsche Ausgabe der Russischen gegenüber vielmehr Zusätze als Auslassungen bietet. Einzelne für den zünftigen Philologen allerdings nicht nöthige Bemerkungen erklären sich einfach so, dass ich hoffte, wie ich weiss, nicht ganz mit Unrecht, es würde auch mancher nicht zünftige Freund des klassischen Alterthums meine Schrift über Ritschl zur Hand nehmen — und für diese ist es kein Verbrechen, wenn sie das Zeitalter des Terenz, die Einrichtung der philologischen Seminarien Deutschlands oder dgl. m. nicht immer ganz genau im Kopfe haben.

Der Anonymus hat ferner in meiner Schrift »eine sonderbare Bemerkung über den Einfluss des Studiums der exacten Wissenschaften auf die Erzeugung von Unsittlichkeit und Nihilismus« entdeckt. — Ich sage S. 12: »hiermit ist natürlich keineswegs gesagt, dass die exacten Wissenschaften, wenn sie einem gereifteren Auditorium vorgetragen werden, der Unsittlichkeit oder dem Nihilismus Vorschub leisten.«

In Russland, wo seit Jahr und Tag, wie anderweit, über Vorzüge und Nachtheile des Klassicismus auf den Gymnasien lebhaft gestritten wird, haben, wie auch wohl ausserhalb Russlands geschehen, die Freunde des Klassicismus zuweilen den oben erwähnten Vorwurf gegen die exacten Wissenschaften verlauten lassen. Ich erwähne ihn beiläufig missbilligend. Das ist das Ganze. Die exacten Wissenschaften sind ebensowenig an sich unmoralisch als irgend eine andere Disciplin. — Aber freilich waltet, nach meiner a. O. dargelegten Ansicht, ein sehr erhebliches moralisches Bedenken gegen die einseitige Bildung der Jugend durch Mathematik, Physik, Chemie, so dass selbst die Gegner des Klassicismus nicht ausschliesslich für jene eintreten können. Die exacten Wissenschaften bilden eben einseitig den Verstand. Der Mensch besteht aber nicht blos aus Verstand, sondern auch aus Gefühl und Phantasie. Durch diese drei Eigenschaften werden alle Erscheinungen der Intelligenz und des Charakters bedingt. Die Schule nun soll diese Eigenschaften, wie sie bei der grossen Mehrzahl der im Durchschnittsmass begabten Jugend vorhanden sind, gleichmässig pflegen, fördern und entwickeln. Freilich überwiegt bei einzelnen Schülern ganz hervorragend der Verstand, bei anderen Phantasie und Gefühl. Aus jenen entwickeln sich, wenn sie zur Reife gelangen, die Intelligenzen der Gelehrsamkeit, sowie des praktischen, öffentlichen wie privaten, Lebens, aus diesen, unter gleich günstigen Bedingungen, die Grössen der Kunst und Belletristik. Die Schule soll aber ebensowenig wie die Universität als ihre Aufgabe ansehen die Entwickelung frühreifer Genies, sondern die Bildung der Menschen von gewöhnlicher Begabung, die dem Idioten ebenso fern stehen als dem Genie. Für das Genie können die Lehrer der Gymnasien und Universitäten nur in soweit Sorge tragen, dass sie unzweifelhafte Begabung und Neigung in irgend einem Fache thunlichst hegen und pflegen, und gegen die damit regelmässig verbundene geringe Begabtheit oder auch Gleichgültigkeit für andere Fächer, da sie meist sehr schwer zu überwinden, soviel Nachsicht zeigen als irgend vor den Gesetzen und dem Gewissen zu verantworten ist.

Desshalb grade, weil die Meisterwerke des klassischen Alterthums gleichmässig excelliren durch den Bau der Sprache, die Vollendung der Form und die Fülle des Inhalts, der uns zugleich den Blick in eine von der unseren so verschiedene und doch, da die Alten auch Fleisch und Blut von unserm Fleisch und Blut waren, wieder uns so verwandte Welt gewährt, bin ich der Meinung, dass der Klassicismus, wenn er von formal tüchtig geschulten Lehrern vertreten wird, ein unübertreffliches Bildungsmittel ist.

Der An. findet, »die Biographie lese sich im Grossen und Ganzen fast genau so wie eins der Elaborate, die aus dem gelehrten Comité des russischen Ministeriums der Volksaufklärung hervorgehen.« Ich möchte fragen: wieviel solcher »Elaborate« hat er wohl gelesen? und über welche ist er denn zu urtheilen im Stande? Bei seiner Unwissenheit im Gebiet der deutschen Philologie und Pädagogik werden ihm wohl die weit schwierigeren, im Westen überhaupt wenig bekannten, russischen Verhältnisse dieser Disciplinen vollends böhmische Dörfer sein. Uebrigens zeigt seine Bemerkung nur die Gedankenlosigkeit, um nichts Schlimmeres zu argwöhnen, mit der er die wissenschaftliche Biographie angesehen. Jeder, der auch nur eine Seite derselben gelesen, erkennt alsbald, dass sie weder in officiellem, noch in officiösem Auftrage geschrieben, sondern, wie alle meine Werke, ein Product der reinsten und freisten Wissenschaftlichkeit ist, aus der eigensten Initiative meines Geistes begonnen, fortgeführt, vollendet. — Wozu sollte auch das Kaiserl. Ministerium der Volksaufklärung mir speciellen Auftrag zu einer wissenschaftlichen Arbeit gegeben haben? Ein solcher ist grade bei mir ganz unnöthig. Ich publicire auch ohnedies soviel aus meinen Vorräthen, als mir meine amtlichen und sonstigen Verpflichtungen irgend gestatten. Ueberhaupt machen es in Russland die Professoren genau so, wie ihre Collegen in der übrigen Welt: ein jeder fördert die Wissenschaft aus freien Stücken, je nach Massgabe seines Talents, seiner freien Zeit und seines Eifers. — Es giebt wohl eine gewisse Art s. g. wissenschaftlicher Aufträge hier zu Lande: das ist aber nur eine Form, der man sich bedient, um Gelehrten, die Arbeiten unternehmen, zu denen entweder ihre Mittel oder ihre Musse nicht ausreichen, in liberaler, nachahmungswürdiger Weise das eine oder das andere zu gewähren. Dieser Fall nun kommt bei der vorliegenden Schrift ersichtlich nicht in Betracht.

Der An. tadelt, dass ich nicht mehr als 1½ Zeilen über Ritschl's Verhältniss zu den philologischen Studien in Leipzig gesagt habe. Offenbar hat er es auf einen Vergleich zwischen Ritschl und G. Curtius abgesehen. — Er zeigt eben wieder, dass er keinen Begriff hat von dem Wesen einer wissenschaftlichen Biographie. Es entspricht der Würde einer solchen, die Leistungen eines Gelehrten nicht sowohl mit denen eines andern, der ja doch selbst nur einen Theil der Wissenschaft, und auch diesen, entsprechend der menschlichen Mangelhaftigkeit, nie in vollkommener Gestalt repräsentirt, sondern mit den abstracten, idealen Forderungen der Wissenschaft selbst zusammenzustellen. Nur so kann dem Anfänger deutlich gezeigt werden, was er thun und was er lassen soll. — Andernfalls ist der Subjectivität, bez. der Ungerechtigkeit Thür und Thor geöffnet.

Auch hier musste Ruhnkens Beispiel massgebend sein.

Ein specieller Vergleich übrigens zwischen Ritschl und G. Curtius wäre ziemlich ungeschickt gewesen, da Curtius, wenn auch ausgegangen von der klassischen Philologie, gegenwärtig vielmehr den Sprachvergleichern als den Philologen im engern Sinn des Wortes beizurechnen scheint, während andererseits Ritschl auf dem eigentlichen Gebiet der Sprachvergleichung wenig oder garnicht bewandert war. Hätte ich Ritschl's gelehrte und lehrhafte Thätigkeit durch Zusammenstellung mit anderen Philologen illustriren wollen, so boten sich viel glücklichere und erspriesslichere Vergleiche — vor allen mit Lachmann.

Ich habe der Sprachvergleichung kurz gedacht bei Besprechung der für die philologische Interpretation der Autoren nothwendigen Bedingungen S. 14 der wissenschaftlichen Biographie: doch interessirt es vielleicht manchen, meine

Ansicht über das Verhältniss der sprachvergleichenden Wissenschaft zu der klassischen Philologie zu vernehmen. Sie ist im Epimetron gegeben.

Der An. vermisst es, dass ich kein Wort über Ritschl's Verhältniss zur Musik, das doch bei einem Metriker so wichtig sei, gesagt habe. — In Bezug auf dieses erinnere ich mich allerdings von Ritschl selbst gehört zu haben, dass er sowohl mit Neigung als mit Verständniss für Musik begabt gewesen. Ich habe dies aber mit Stillschweigen übergangen, und zwar mit gutem Grunde. Ich bin nämlich der Ansicht, dass die Kenntniss der Musik für das Studium der römischen Metrik und der griechischen mit Ausnahme der dorischen und chorischen garnicht, für diese beiden Zweige aber nur mässig in Betracht kommt. Mich leitet dabei die Annahme, dass die Alten, während sie die Melodie der Sprache in Prosodie und Metrik zu bewunderungswürdiger Vollkommenheit ausgebildet haben, im Reich der Töne es nur zu sehr mittelmässigen Leistungen gebracht.

Ich selbst, der ich doch, wie der An. aus Ritschl's Collegien lernen konnte, einige Leistungen im Gebiet der Metrik hinter mir habe, gestehe, dass ich für Musik weder Neigung noch Verständniss besitze. Ich habe, weil es einmal so Mode ist, in meinem Leben ziemlich viel musikalischen Aufführungen beigewohnt — es hat aber alles nichts genützt. Ja in Bezug auf die jüngste Erscheinung, die s. g. Zukunftsmusik, bin ich sogar noch heut nicht abgeneigt, die Ansicht eines französischen Schöngeistes zu unterschreiben: »la musique est le plus cher et le plus désagréable de tous les bruits.« Sollte dies als eine mangelhafte Begabung bezeichnet werden, so habe ich nichts dagegen. Indessen, wie schon der alte Homer sagt, die unsterblichen Götter verliehen nicht alles Einem. Jeder muss so verbraucht werden, wie ihn die Natur geschaffen hat. Genug, ich habe bei meinen metrischen Untersuchungen nie der Musik bedurft, und doch etwas zu Stande gebracht. Auch um Ritschl's metrische Leistungen zu verstehen und zu würdigen, habe ich niemals Kenntniss der Musik nöthig befunden. Ja ich bin sogar etwas misstrauisch gegen die musikalischen Philologen. Denn ich habe deren gekannt, die bei gründlichster Kenntniss der Musik in Theorie und Praxis gleichwohl es nie dazu brachten, auch nur einen Hexameter, geschweige eine Strophe des Horaz scandiren zu können, und auch sonst für die Gesetze der Prosodie eine entschiedene Aversion zeigten. Wenn ich damit auch keineswegs sage, dass metrisches und musikalisches Gefühl unvereinbar seien, so zeigt doch dies Factum, wie wenig sie zusammen zu wohnen brauchen. Nun scheint mir aber die auf sprachliche Empirie gegründete Kenntniss der gangbaren Metra das wichtigste, in der Praxis nothwendigste Erforderniss für den Philologen. Erst wer in diesen ganz sicher ist, möge sich an die dorische und chorische Lyrik machen und sehen, wie er dieser beikommen kann, und wie weit er zu ihrem Verständniss, ferner um ein systematisches Gebäude der griechischen Metrik aufzuführen, musikalischer Kenntnisse bedarf.

Bei dieser Gelegenheit spreche ich es aus, natürlich ohne die grossen Verdienste einzelner neueren Gelehrten auf dem Gebiete der Metrik in Nachfolge Böckh's irgend schmälern zu wollen, dass es höchst wünschenswerth wäre, wenn ein Philologe eine griechische Metrik rein nach Hermannschen oder vielmehr Porsonschen und Bentleyschen Grundsätzen zu schreiben unternähme, ähnlich wie es für die ältesten Dramatiker der Römer Ritschl, für die Daktyliker Lachmann und ich versucht haben. Ich glaube, dass dadurch eine ziemliche Zahl noch ungelöster Probleme sich erledigen liesse, auf andere, die man für gelöst hält, ein neues Licht fallen würde. Was der An. über Ritschl's philosophische Sympathien und Antipathien erzählt, gestehe ich, nicht gewusst zu haben, und hätte ich es gewusst, würde es gewiss nicht erwähnt sein. Die Sache ist die: wie jeder Gebildete, hat auch der Philologe in den philosophischen und religiösen Fragen der Gegenwart Stellung zu nehmen. Ueber Ritschl's Ansichten in dieser Hinsicht ist, den Zwecken einer wissenschaftlichen Biographie entsprechend, ganz kurz berichtet S. 5, 6. Im Uebrigen aber hat die Philologie mit der Philosophie nichts gemein, als was alle Disciplinen mit ihr gemein haben, die strenge Befolgung der Gesetze des logischen Denkens. Principien und Gedanken braucht sie dagegen, wenigstens wenn man sie so weit wie Böckh und Wolf fasst, aus der Philosophie nicht zu entlehnen: sie hat der eigenen Mittel genug. Schliesslich bemerke ich, dass es ein grosses Glück für die Philologie ist, dass sie aufgehört hat in Nachfolge vieler Philosophen a priori zu construiren, und vielmehr gegenwärtig die empirischen Wege der neueren Naturforschung wandelt.

Auch über Ritschl's Beziehungen zur Poesie ist nach dem An. kein Wort in der wissenschaftlichen Biographie zu finden! Er erwähnt als Merkwürdigkeit, dass ihm Dante nie sympathisch gewesen sei — gewiss von erschütternder Wichtigkeit für Ritschl's Studien, zumal die Plautinischen. Der An. tadelt, dass »nirgends ein Ansatz genommen, aus den Werken die wissenschaftliche Entwickelung Ritschl's nachzuweisen.« Dieser Vorwurf zeigt wieder, wie er die Schrift, welche er recensirt, gelesen. Für Plautus, den wichtigsten Theil von Ritschl's Studien, ist dies doch geschehen. Im Uebrigen wäre die Forderung berechtigt, wenn Ritschl eine neue Methode in der Wissenschaft begründet hätte. Solches kann aber niemand behaupten. Die Methode der Philologie nun, wie sie von Wolf, Lachmann, Madwig u. a. zuerst im Zusammenhang klar und ausführlich dargelegt ist, wie sie aber den grossen Philologen früherer Jahrhunderte, z. B. Bentley und Ruhnken, schon deutlich vorgeschwebt und zur Richtschnur gedient hat — sie beruht im wesentlichen auf der Socratischen professio ignorantiae, auf genauer Sichtung und Feststellung der Quellen, auf der inductiven Methode der wissenschaftlichen Beweisführung und ist in gleicher Weise für die historischen als für die exacten Wissenschaften zu verwerthen — bietet solche, in die Augen springende Vorzüge, dass Ritschl eine sehr unkritische Natur gewesen sein müsste, wenn er nicht von Anfang ab ihre Vortrefflichkeit erkannt und praktisch zu bethätigen gesucht hätte. Es kam nun nur darauf an zu zeigen, wie weit ihm dies bei der Unvollkommenheit, der wir alle unterworfen sind, überall gelungen. Denn auch die grösste Kraft ermattet zuweilen, und keinem Gelehrten ist es ferner gegeben, in allen Gebieten des Wissens gleich gründlich und erfolgreich zu sein. Ich habe, jenen Erwägungen entsprechend, überall Lob und Tadel so vertheilt, wie es mir richtig schien.

Dann heisst es: »wir begegnen der seltsamen Behauptung, die grossen Kritiker seien fast sämmtlich Latinisten gewesen.« Der An. fälscht zunächst meine Worte.

Ich sage S. 19, dass die Mehrzahl der grossen Kritiker sich mit Vorliebe dem Studium des Lateins zugewandt hat. Wenn der An. dies bestreitet, so zeigt er nur seine Unwissenheit in der Geschichte der klassischen Philologie. Beweisen aber kann ich es ihm nicht: es würde einen Raum beanspruchen, der zu der Veranlassung in keinem Verhältniss steht. Auch dürfte der An. so ziemlich alle Kritiker, die ich für grosse halte, für kleine ansehen — und umgekehrt.

Dann wird gesagt: der aufschliessende, nicht abschliessende, ewig anregende Charakter von Ritschl's Schriften scheine mir entgangen zu sein. — Herr College, lesen sie selbst nach, was ich bei der Darstellung von Ritschl's Plautinischen Arbeiten und dessen, was sich daran schloss, gesagt habe — in diese aber habe ich, wie billig war und ausdrücklich von mir gesagt ist, den Schwerpunkt der Darstellung von Ritschl's wissenschaftlichen Leistungen concentrirt —, und Sie werden sehen, wie sorgfältig der An. meine Schrift gelesen.

Dass ich nicht soviel auf die Schüler und Gegner Ritschl's eingegangen bin, wie der An. nach einer vorhergehenden Bemerkung wünscht, geschah lediglich, um der Schrift ihren objectiven Charakter zu wahren. Ich habe meine Meinung über Ritschl's Vorzüge und Mängel in Bezug auf Plautus deutlich genug ausgesprochen. Wer einigermassen in der neuern Plautinischen Literatur bewandert ist, wird leicht merken, welche nach Ritschl aufgetretene Plautiner meinen Beifall haben, und welche nicht. Uebrigens gebe ich die Hoffnung nicht auf, dass es mir meine übrigen litterarischen Pläne gestatten werden, einmal ein ausführliches Werk über Plautus zu publiciren.

Der An. sagt, ich hätte für die Reize von Ritschl's Stil ein trockenes Lob. — Ob der An. im Deutschen stilistische Leistungen hinter sich hat, weiss ich nicht; dass er im Lateinischen keine hinter sich hat, verbürge ich. Ohne scharfes Denken ist ein Latein, das ein alter Römer anerkennen würde, nicht möglich. Sollte er sich in dieser schwierigen Sprache versucht haben, so hat er es in keinem Fall über das gewöhnliche Notenlatein hinausgebracht, das Ritschl ebensosehr als ich perhorrescirte. Ritschl würde — der An. darf davon überzeugt sein — dies trockene Lob von mir höher stellen als das wässrige eines Ignoranten.

Der An. bezeichnet als oberflächlich im Superlativ die Bemerkungen über die Schriften von den alexandrinischen Bibliotheken, über die Abhandlung von der Ordnung der homerischen Gedichte durch Pisistratus. Ich gedenke des in Rede stehenden Werkes (denn nur ein Werk liegt hier vor) S. 17 sehr anerkennend und im Verhältniss zum Umfang meiner Schrift sehr ausführlich. Es hätte, um Ritschl's Eigenart zu erkennen, nicht den geringsten Nutzen gewährt, da ich ja über die litterarhistorischen Arbeiten desselben auf dem Gebiet des Latein und ihre Vorzüge S. 29, 30 ein motivirtes Urtheil abgebe, wenn ich a. a. O. mehr gesagt hätte als geschehen. Es leuchtet ein, dass man auf diese Weise jedes kurze Urtheil tadeln kann.

Doch um auf Ritschl's Arbeiten innerhalb der griechischen Philologie etwas näher einzugehen, ich hätte vielleicht, wovon der An. aber nichts sagt, über seine Aeschyleischen Studien einiges bemerken können. Dass ich mich aber überhaupt so kurz gefasst über Ritschl als Graecist, hatte seinen Grund in einer Ansicht, die, wie ich hoffte, der feinfühlende Leser herausmerken würde, die aber nun offen auszusprechen mich die Zudringlichkeit des An. zwingt. Ich bin nämlich der Meinung, dass die bewunderungswürdige Beherrschung des Stoffes und das feine Gefühl, das Ritschl in grammatischen und (mit einzelnen Ausnahmen) in metrischen Fragen als Latinist gezeigt, ihm keineswegs in gleicher Weise auf dem Gebiet der Graecität innewohnten, und dass er deshalb zu den grössten Graecisten nicht gerechnet werden kann, während er unter den Latinisten für alle Zeit einen ehrenvollen Platz einnehmen wird. Auch könnte ich namhafte Kenner des Griechischen bezeichnen, die derselben Ansicht waren. Und dass auch ich einigermassen das Recht habe, über Gegenstände der griechischen Philologie mitzusprechen, möge der An. aus meiner Geschichte der klassischen Philologie in den Niederlanden lernen. Es veranlasst mich zu jenem Urtheil der Umstand, dass in Ritschl's Opuscula, soweit sie sich auf Griechisches beziehen, Metrisches nur unbedeutend, Grammatisches fast garnicht behandelt wird, ganz im Gegensatz zu seinen Arbeiten auf dem Gebiet des Latein, dass ferner seine griechischen Studien sich mit Vorliebe neben litterarischen, sachlichen Untersuchungen zuwandten, oder bei den Autoren verweilten, die vielmehr ein stoffliches als formelles Interesse haben, ganz anders als bei seinen lateinischen Studien. Auch ist es vielleicht bedeutsam, dass unter den in Brambachs Schrift über Ritschl und die Philologie in Bonn S. 40 aufgezählten Arbeiten von Graecisten aus der Schule Ritschl's während der Bonner Periode fünfzehn über griechische Antiquitäten handeln, während nur vier über römische Antiquitäten verzeichnet sind. Nun könnte vielleicht ein eifriger Ritscheliander einwenden, ich beachte nicht, dass Brambach an derselben Stelle 44 Dissertationen über griechische Autoren gegen 45 über lateinische aufzähle. Allein auch ohne die schwierige, von Brambach hier und sonst ausser Acht gelassene Frage, ob und wieweit bei manchen litterarischen Arbeiten der Schule Ritschl's auch andere Docenten der Bonner Universität influirt haben — man sieht garnicht ein, weshalb die Schüler eines Gelehrten, der vorwiegend Latinist ist, sich nicht in Emendation griechischer Autoren versuchen sollten. Die Regeln der Kritik für die philologische Behandlung griechischer und römischer Schriftwerke sind ja genau dieselben. Uebrigens wird kein verständiger Urtheiler Ritschl aus jenem Mangel einen besonderen Vorwurf machen. Bei dem heutigen Umfang der klassischen Philologie erscheint es beinahe unmöglich, dass ein und derselbe Gelehrte, mag er noch so begabt sein, mit gleicher Kenntniss und der daraus entspringenden gleichen Gewandtheit sich auf dem Gebiet der griechischen wie der lateinischen Philologie bewegt. Grade heut zeigt sich erst in der Beschränkung der Meister. Und eine ganz ähnliche Erscheinung bei Ritschl, in seinen Arbeiten ausserhalb des Gebiets der archaischen Latinität, habe ich in der wissenschaftlichen Biographie S. 49 angemerkt. — Auch Lachmann bewegt sich nicht immer mit gleicher Sicherheit und gleichem Erfolge, wo er sich auf Fragen einlässt, die Plautus oder Terenz oder Lucilius betreffen.[1])

---

[1]) Ich habe bei diesem Urtheil selbstversändlich nur Lachmann's Commentar zu Lucrez vor Augen, nicht die Schrift »C. Lucilii Saturarum. Carolus Lachmannus emendavit«, die ganz ohne Lachmann's Zuthun in's Publikum gekommen ist, und über deren Werth es ge-

Sollte ich übrigens Ritschl durch mein Urtheil über seine griechischen Leistungen Unrecht gethan haben, so wird es mich freuen, wenn ein namhafter und unbefangener Graecist mich durch Beweise eines Besseren belehrt.

Was die Urtheile des An. über meine Ansichten von Ritschl's Leistungen auf dem Gebiet des Latein betrifft, so gestatten Sie mir, Herr College, diese grösstentheils mit Stillschweigen zu übergehen. Wenn Sie es für passend halten, die Schrift eines Latinisten über einen Gelehrten, der vorwiegend Latinist war, von einem Nichtlatinisten recensiren zu lassen, so ist das Sache Ihres Geschmacks. Aber für mich passt es nicht, dem An. Rechenschaft über meine Ansichten auf dem Gebiet der lateinischen Philologie abzulegen. Deshalb nur ein paar Kleinigkeiten.

Der An. weiss, nach seinem Schweigen zu urtheilen, nirgend etwas Neues zu finden in meinen Urtheilen über Ritschl's und seiner Schule Arbeiten innerhalb des Latein. Er zeigt damit nur seine Unwissenheit und Anmassung. Aber gesetzt, er hätte Recht, so würde dies meiner Schrift keineswegs zum Vorwurf gereichen. Vielmehr war es schon dankenswerth und der Lectüre nicht unwürdig, wenn ein Gelehrter, der lange Zeit nicht ganz unrühmlich auf denselben oder ähnlichen Gebieten wie Ritschl gearbeitet hatte, der ferner ebenso wenig zu Ritschl's Schülern oder gar Satelliten, als zu seinen Feinden gehört, ein ausführliches und motivirtes Urtheil über Ritschl's und seiner Schüler gesammte Thätigkeit auf dem Gebiet des Lateins dem Publicum vorlegte.

---

nügt, auf das in dem Vorwort der wissenschaftl. Biogr. publicirte Urtheil M. Haupts zu verweisen. Sie verhält sich eben zum Commentar zu Lucrez wie ihr Herausgeber zu Lachmann.

Der An. ärgert sich, dass ich meine Exposition über Ritschl's kritische Thätigkeit im Plautus beschliesse mit Wiederholung eines Urtheils von M. Haupt. Dies war für jeden denkenden Leser vollkommen hinreichend: denn wie sich aus dem, was ich S. 16 u. 17 der wissenschaftlichen Biographie und sonst von den Leistungen älterer Gelehrten für die Plautus-Kritik sage, ergiebt, konnte es niemandem zweifelhaft sein, dass mein Urtheil, die Herstellung der Plautinischen Comödien sei vortrefflich von Ritschl begonnen, von der methodischen und consequenten Herstellung zu verstehen sei. Die Subtilität, die in der Erwähnung M. Haupt's lag, hat der An. natürlich nicht gemerkt. Ich citirte ihn deshalb, weil M. Haupt, so wenig ich seine positiven Leistungen in der Wissenschaft denen Ritschl's gleichstellen möchte, doch, wo nicht persönliche Praeoccupation, wie bei Hermann und zumal Lachmann, hindernd dazwischentrat, ein vorzügliches Talent bethätigte, über fremde Leistungen zu urtheilen — bekanntlich der erste Schritt, um selbst Epochemachendes zu leisten, aber freilich nur der erste.

Uebrigens weiss ich sehr wohl und habe es auch in der wissenschaftlichen Biographie S. 31 ausgesprochen, dass sich über Ritschl's Leistungen für Plautus noch manches ausser dem, was ich dort bemerkt habe, sagen liesse. Möge der An. einiges, was ich im Epimetron hinzufüge, sich zu Nutzen machen!

Nach den bisherigen Proben von Wissen, Geist und Methode wird es niemand verwundern, dass der An. mehrmals in kräftigen Worten betheuert, Ritschl's Ingenium sei von mir gänzlich missverstanden. — Er behauptet sogar — und das Liter. Centralbl. druckt dies ohne Anstand ab!

— ich schiene über Ritschl's wissenschaftliche Persönlichkeit überhaupt nicht nachgedacht zu haben. Ich gebe, zur Entschädigung des Publicums, seine Ansicht über R. S. 1478 und 1479 heisst es wörtlich:

»Ritschl hatte im Lauf der Zeit eine grosse und ausgebreitete Gelehrsamkeit erworben, aber er war kein Gelehrter; ein umfassendes Bild des ganzen Alterthums, freilich mit Ausschluss der politischen Seite, lebte in seinem Geiste, aber ein systematisches Werk hat er nie geschrieben, selbst zu der so lange angekündigten Metrik ist er nie gekommen. Er war ein Philolog, der alles konnte, was er angriff.« — Dafür folgen dann Beispiele; und ferner heisst es:

»L. M. hat kein Urtheil darüber, was Ritschl bei der Besonderheit seiner Begabung konnte und was er nicht konnte, und hat daher auch kein Auge für die bewusste, weise Beschränkung, die sich Ritschl in dem auferlegte, was er unternahm.«

Herr College, ich möchte Ihnen nicht gern Unangenehmes sagen: aber doch kann ich nicht verhehlen, dass Ritschl, Ihr langjähriger College, der einen so grossen Antheil an der Frequenz und dem Ruhm der Universität Leipzig hatte, es wohl verdient hätte, dass Sie zum Recensenten der wissenschaftlichen Biographie eine tüchtigere Kraft wählten. Das erforderte die Pietät. Haben Sie denn wirklich, bei Ihrem bekannten Scharfsinn, nicht gefühlt, dass dies alles leeres Geschwätz ist, mit dem man — um einen populären Ausdruck zu gebrauchen — keinen Hund vom Ofen lockt?

»Ritschl war kein Gelehrter«! Offenbar hat der An. ebensowenig eine Vorstellung davon, was ein Gelehrter ist, als er, wie ich bald zeigen werde, weiss, was ein Philologe ist. »Ritschl konnte alles, was er angriff.« Und nachher heisst es, wenn man die Phrasen wegnimmt, »Ritschl konnte, was er konnte«. Merkwürdigerweise ist dies bei allen Sterblichen der Fall, auch wenn sie keine Spur von Ritschl's Geist in sich tragen. »Ritschl konnte alles, was er angriff«. Dann hätte er alles, was er angriff, zum Abschluss bringen müssen. Jeder Student aber weiss, dass Ritschl durch das, was er bei seinen Arbeiten unvollendet liess, sowie durch seine Irrungen der Wissenschaft grade ebenso viel genützt hat als durch seine Entdeckungen. Und der An. sagt selbst wenige Zeilen später, Ritschl's Arbeiten hätten einen aufschliessenden, nicht abschliessenden Charakter! Doch das Schlimmste ist, was in der Mitte steht.

Wenn ich den An. richtig verstehe — und ich wüsste nicht wie man ihn anders verstehen könnte als ich —, so meint er, Ritschl sei nicht etwa durch Mangel an Zeit, hervorgerufen vornehmlich durch die aufopfernde, ja übergrosse Theilnahme, die er den Arbeiten seiner Schüler widmete, also durch einen rein äusserlichen und zufälligen Umstand, sondern durch mangelnde Begabung verhindert worden, ein systematisches Werk zu schreiben.

Wie Lachmann seine schlimmsten Feinde stets unter seinen Berliner Anhängern zählte, so kann auch Ritschl in diesem Fall bitten, dass ihn der Herr vor gewissen Freunden schütze — und wird dazu vielleicht noch öfter Gelegenheit haben.

Wäre Ritschl nämlich wirklich kein systematischer Kopf gewesen, hätte er es nicht vermocht, vom Kleinen zum Grossen, vom Theil zur Einheit vorzuschreiten, so wäre er nichts als ein Gelehrter von guten Einfällen, ein glücklicher Conjectator, wie manche unter den besseren seiner Schüler, und er wäre der unglücklichste Stoff für eine wissenschaftliche Biographie, den man sich denken kann. Denn ein glücklicher Conjectator ist immer auch ein unglücklicher, und was das schlimmste — man kann von ihm nichts lernen. Ich habe zwar in der wissenschaftlichen Biographie S. 61 ff. den Unterschied zwischen einem Gelehrten mit kritischer Ader und einem Kritiker ausführlich besprochen, komme aber bei der Wichtigkeit des Gegenstandes noch einmal auf denselben zurück.

Jede wissenschaftliche Entdeckung beruht auf der Divination. Aber die Divination ist von doppelter Art.

Entweder nämlich betrifft sie zum Detail gehörige, oder doch aus ihrer Einheit gerissene Probleme der Wissenschaft, ohne auf das Ganze Rücksicht zu nehmen, oder sie hat zum Gegenstand ein, wenn auch kleines, einheitliches Ganze, unter gehöriger Beachtung aller für die einheitliche Gestaltung dieses Ganzen in Betracht kommenden Momente, nach der Regel des Horaz:

primo ne medium, medio ne discrepet imum.

Bei dem ersten Genus der Divination nun kommt ersichtlich weit weniger Gelehrsamkeit und Combination zur Verwendung als bei dem zweiten. — Vielmehr äussert sie sich meist in einem plötzlichen Geistesblitz, von dem man sich nachher nicht Rechenschaft zu geben vermag, nicht selten ohne vorheriges Nachdenken über den Gegenstand oder auch bei ganz oberflächlicher, ja minimer Kenntniss desselben.

Wem nun solche Geistesblitze kommen, der besitzt eine kritische Ader, die um so mehr verspricht, je öfter jene sich einstellen. Es kann in ihm auch das Talent zum

Kritiker stecken: denn die kritische Ader ist die nothwendige Voraussetzung für den Kritiker. Beweis dafür ist, um wieder auf die Texteskritik zu kommen, der Umstand, dass man bei kritischer Behandlung einheitlicher Theile der Litteratur häufig genug mit schwierigen Stellen trotz aller Regeln der Kritik und aller Vorkenntnisse nicht fertig wird, während zu anderer Zeit ganz von selbst die richtige Erklärung oder die evidente Emendation uns in den Schoss fällt.

Deshalb thut man auch sehr recht, bei den Studenten durch mündliche oder schriftliche Disputationen über schwierige Stellen der Autoren die kritische Ader in Fluss zu setzen. Ob, wer solche besitzt, es bis zum Kritiker bringt, wird dann die Zeit lehren.

Weshalb steht nun ein glücklicher Conjectator so tief unter dem Kritiker, d. h. dem Gelehrten, der einheitliche, künstlerisch abgerundete Leistungen in irgend einem Theil der Wissenschaft hinter sich hat?

Desshalb eben, weil, wie oben gesagt, ein glücklicher Conjectator immer auch ein unglücklicher ist, weil eine Vermuthung, die sich auf den Theil eines einheitlichen Ganzen, mag dies nun litterarischer oder anderweitiger Natur sein, bezieht, wenn sie bloss aus augenblicklicher Intuition hervorgegangen, zwar vermöge der geheimnissvollen Wunderkraft unseres Geistes die glänzendste Entdeckung in sich schliessen kann, aber eben so wohl, da sie nicht auf genauster Kenntniss aller für die Herstellung eines einheitlichen, harmonischen Ganzen in Betracht kommenden Momente, noch weniger auf der wissenschaftlichen Combination derselben beruht, eine leere Hariolation sein kann. Denn jene Geistesblitze sind eben, auch bei dem

Begabtesten, verschieden an Häufigkeit wie an Qualität; es gibt eben nichts Vollkommenes unter der Sonne. Dieselbe Natur fördert oft genug, wie in moralischer so in intellectueller Hinsicht, eben so gut Schlacken als Edelsteine zu Tage.

Ganz anders sind die Verdienste der divinatorischen Thätigkeit eines Mannes, der es versteht etwas systematich Abgerundetes, überall ineinander Greifendes, künstlerisch Vollendetes zu produciren.

Ich habe den Kritiker, wenigstens was die Textes-Kritik, auf die ich von neuem zurückkomme, betrifft, so geschildert a. a. O., dass ich einfach dorthin verweisen kann. Die Aufgabe jenes ist weit schwieriger und minder glänzend, schon deshalb, weil die meisten Autoren in kritischer Hinsicht so durchsucht sind, dass nur eine ganz eminente Begabung in ihnen viel Neues zu Tage fördern kann, während andererseits ein grosser Theil des Verdienstes darin besteht, älteren mit Unrecht verschmähten Versuchen der Besserung zu ihrem Rechte zu verhelfen, oder fälschlich Verdächtigtes zu schützen, aber destomehr gibt sie Anspruch auf soliden Nachruhm. Und wenn auch, gemäss der Unvollkommenheit unserer Natur, selbst für den grössten Kritiker, wie Bentley's Beispiel zeigt, Irrungen, selbst schwere, nicht immer zu vermeiden sind, ein Kritiker wird nie den zehnten Theil des Schadens in den Texten anstiften wie ein Conjectator. — Und während man aus den Irrthümern jener viel lernt, lernt man selbst aus den richtigen Resultaten dieser wenig.

Aus dem Gesagten nun ist leicht ersichtlich, was ich von den Adversarien, Analecten, Conjectaneen u. dgl., die heut so sehr beliebt sind, denke.

Gehen dieselben nicht Hand in Hand mit einheitlicher und mit gediegener Behandlung einzelner Autoren, so führen sie fast nothwendig zum litterarischen Bankrott. Und selbst wo sie mit dieser Thätigkeit gepaart sind, kann bei derartigen Publicationen nicht genug Vorsicht empfohlen werden. — Ich will dies durch ein Beispiel, und zwar durch ein recht illustres, belegen. Welcher Philologe möchte Madwig's Adversaria critica ungedruckt wissen? Gewiss keiner. Es bedarf dies keines Beweises; doch sei zum Ueberfluss auf die bekannten Aeusserungen von M. Hertz verwiesen, welchem Gelehrten Madwig schweres Unrecht zugefügt, und der dies in eben so ruhiger als überzeugender Weise dargethan hat. Und doch kann man behaupten, dass es für den Ruhm Madwigs, nicht für die Wissenschaft, beinah eben so vortheilhaft gewesen wäre, wenn er die Adversaria nicht publicirt hätte. Ich will selbst absehen von Cobet's Urtheil über die Behandlung der griechischen Dichter[1]) — viel schlimmer ist, dass in der eigentlichen Domaine Madwigs, dem Latein, und zwar auch in den Dichtern, Philologen, nicht blos ebenbürtige, wie Ritschl, sondern auch solche die tief unter ihm stehen, Gelegenheit gefunden haben, ihm die bittersten und leider die gerechtesten Vorwürfe zu machen, und nicht etwa bei Problemen der Kritik, sondern wegen der Unkenntniss ganz vulgärer Sachen, z. B. allgemein bekannter metrischer Regeln. Woher kommt dies? Daher, dass Madwig, wie er ehrlich genug war einzugestehen, während andere vorziehen es zu verschweigen, von den bezüglichen Dichtern nur immer einen Theil studirt hatte, weil er sich

---

[1]) »quam vellem poetas Graecos et praesertim Atticos non tetigisset« Var. Lect. ed. II p. 403.

ferner überhaupt auf die Dichter einliess, die nun einmal nicht sein Fach sein dürften. Dass gleichwohl auch für die Dichter manches Treffliche geleistet, bin ich am wenigsten geneigt zu bestreiten.

Uebrigens ist, um dies beiläufig zu sagen, der geringe Sinn und der deshalb relativ geringe Erfolg bei Behandlung der Dichter eine beachtenswerthe Besonderheit in Madwig's Ingenium. Denn sonst hat das Studium der griechischen und römischen Dichter die grossen Kritiker immer vornehmlich angezogen, und die feinsten Blüthen ihres Geistes hervorgelockt, was für den, der etwas von antiker Poesie versteht, auch garnicht zu verwundern ist.

Wer es nun in der Texteskritik zu einer einheitlichen Leistung gebracht hat, ist gewiss ein systematischer Kopf: denn grade dies ist der schwierigste Theil der formalen Philologie. Da nun Ritschl ohne Zweifel im Plautus etwas Einheitliches geleistet, trotz aller Fehler und Auslassungen, die eben bei der Grösse und Schwierigkeit der die Kraft eines Einzelnen weit übersteigenden Aufgabe nicht zu vermeiden waren, so war er ein systematischer Kopf, und nicht dem Mangel an diesem, sondern hauptsächlich dem Mangel an Zeit, theilweise auch seinem langen Kränkeln und anderen Ursachen, ist es zuzuschreiben, dass er nicht eine systematische Grammatik oder Metrik des gesammten Altlatein hinterlassen hat.

Uebrigens hätte schon die abgerundete, einheitliche Behandlung litterarhistorischer Probleme, wie sie Ritschl's kleine Schriften zeigen, dem An. klar machen können, dass Ritschl wirklich ein systematischer Kopf war.

Bedarf es nach dem Gesagten, Herr College, noch eines Beweises, dass der An. ebensowenig als für die wissenschaftliche, für die pädagogische Thätigkeit Ritschl's, sowie für die philologischen und pädagogischen Fragen, die sich an Ritschl's Namen knüpfen, oder ihre Behandlung in der wissenschaftlichen Biographie ein Verständniss hat?

Der An. sagt S. 1480, die Schrift enthalte eine ganze Reihe von Excursen über wichtigere und unwichtigere Fragen aus dem Gebiete der Philologie und Pädagogik, die zum Theil mit Ritschl wenig zu thun hätten. Er zeigt nur wieder seine Gedankenlosigkeit. Meine Schrift gibt sich im Vorwort als eine solche, in der theils eine kritische Darstellung von Ritschl's gelehrter und lehrhafter Thätigkeit enthalten sein, theils im Anschluss daran mein Urtheil über gewisse Fragen der Philologie und Pädagogik vorgelegt werden soll.

Nun sind doch nur drei Fälle möglich: entweder hat Ritschl sich zu den bezüglichen Fragen so gestellt, dass er meinen Beifall erhält, oder so, dass er nicht meine Billigung findet, oder endlich, er hat überhaupt keine Stellung zu ihnen genommen, obwohl sie der Beachtung werth waren. In allen Fällen waren meine Digressionen wohl berechtigt.

Der An. findet, meine Ansicht in Bezug auf die akademische Thätigkeit eines Professors der klassischen Philologie sei von der Ritschl's grundverschieden.

Ich stelle es als die Hauptaufgabe des bez. Professors hin, tüchtige Gymnasiallehrer zu bilden, und daher solle dieser die Studien seiner Schüler (ich füge S. 12 und 13 hinzu »zumeist« und »hauptsächlich«, was der An. verschweigt) auf diejenigen alten Autoren lenken, welche für die Schule am wichtigsten seien. Ritschl aber, wie die Meister des Faches vor ihm, habe geglaubt, es handle sich darum tüchtige Philologen zu bilden, aus ihnen würden dann später auch tüchtige Gymnasiallehrer hervorgehen.

Herr College, wie konnten Sie diese Recension drucken? Sie werden sehen, dass durch die folgenden Expositionen das Vertrauen des Publicums zu Ihrem Journal unmöglich steigen kann.

Wie es scheint, huldigt der An., dessen Eifer für die Philosophie wir schon kennen gelernt, in Bezug auf das Verhältniss zwischen Philologen und Gymnasiallehrer Darwinschen Theorien, nur leider in umgekehrter Reihenfolge. Wie nach Darwin aus dem Affen durch jahrtausendlange Verbesserung und Veredelung in materieller wie intellectueller Beziehung der Mensch sich entwickelt hat, so entpuppt sich nach dem An. aus dem Philologen durch allmählige Verdünnung und Verdummung zuletzt der Gymnasiallehrer. Ich denke würdiger von diesem um das Wohl der Menschheit so hochverdienten Stande, dem grade auch Deutschland zu so unermesslichem Dank verpflichtet ist; und ich darf den Gymnasiallehrern zu ihrem Trost sagen, dass nicht ich, sondern der An. mit seiner Ansicht sich in verschwindender Minorität befindet.

Ich brauche Ihnen, Herr College, der Sie besser als Ihr An. über meine litterarische Vergangenheit unterrichtet sind, wohl nicht zu versichern, dass ich der letzte wäre, der eine geistlose Dressur der Studenten empfehlen, das wissenschaftliche Element in ihnen unterdrücken möchte. Ein solcher Vorwurf hätte nur Sinn, wenn das von mir zur Bildung von Gymnasiallehrern empfohlene Programm sich als zu eng erwiese.

Darüber werden hoffentlich alle stimmfähigen Richter mit mir einig sein, dass zur Bildung tüchtiger Philologen und Gymnasiallehrer die formale Philologie zu Grunde gelegt werden muss, nicht etwa epigraphische und antiquarische Uebungen.

In dem Programm nun, das ich S. 12 — 16 für die Bildung der Gymnasiallehrer aufstelle, fehlt nur ein nothwendiges Colleg, die Encyclopädie der Philologie, und mit Recht. Denn diese muss gelesen werden, mag man nun die formale oder, thörichterweise, die reale Philologie der Bildung des künftigen Philologen zu Grunde legen. Ausserdem bildet die Encyclopädie keine Philologen, sondern zeigt nur denen, die Philologen werden möchten, die Wege, die sie dazu einschlagen müssen.

Wie nun? Durch Collegien über Litteraturgeschichte, Metrik und Grammatik (diese, wie S. 8 zeigt, in der weiteren Bedeutung des Wortes genommen), durch Erklärung der S. 13 aufgezählten Schriftsteller, die fast durchweg zu den grössten Meistern des Alterthums in formeller wie materieller Hinsicht gehören, endlich durch ergänzende Erklärungen anderer, an Wichtigkeit diesen zunächst stehenden Autoren, welche ich S. 14, 15 als selbstverständlich bezeichne — durch eine solche Thätigkeit des philologischen Professors sollten keine Philologen gebildet werden? Was würde wohl Ritschl von einem Schüler sagen, der mit solchen Vorlesungen keine Philologen zu bilden im Stande wäre? Er würde sagen, er sei ein Idiot in der Philologie oder in der Pädagogie oder in beidem.

Ich bemerke übrigens ausdrücklich, was freilich für den denkenden Leser der wissenschaftlichen Biographie ausser Zweifel ist, dass ich es für selbstverständlich achte, dass die philologischen Studenten auch Collegien aus dem Gebiet der realen Philologie hören. Nur darf sie nicht als Grundlage dienen oder gar den ersten Platz einnehmen, weil dies einfach zum Ruin der klassischen Studien auf den Gymnasien führen würde. Das einzige, was man in Wahrheit meinem Programme entgegenhalten könnte, ist nicht, dass es zu eng sei, sondern im Gegentheil, dass es so weit ist, dass die meisten Universitäten Deutschlands und noch mehr des Auslandes demselben aus Mangel an Lehrkräften nicht ganz zu entsprechen im Stande sein dürften. Dies ist aber etwas rein äusserliches. Möge man eben den Etat für die philologische Abtheilung der Universitäten erhöhen, grade wie für alle andern Fächer, wo dies nöthig ist!

Ich gebe hier ein Verzeichniss der Professoren, die nach meiner Ansicht auf einer philologischen Muster-Universität mindestens vorhanden sein müssten.

1 Ordinarius und 1 Extraordinarius für die formale lateinische Philologie.

Ebenso für die formale griechische Philologie.

1 Ordinarius für alte Geschichte und Geographie.

1 Extraordinarius für römische und griechische Alterthümer, der zugleich für die Epigraphik zu sorgen hätte.

1 Ordinarius für Archäologie und Mythologie.

Sehr wünschenswerth, und nicht bloss für Philologen, wäre auch ein Professor der lateinischen und griechischen Paläographie.

Auf das übrigens so nützliche und achtenswerthe Institut der Privatdocenten ist hier, wie man sieht, keine Rücksicht genommen, und mit Grund. Denn der Bestand von Privatdocenten an den Universitäten ist rein zufällig. Oft sind selbst an einer kleinen mehrere Privatdocenten einer Disciplin, welche die Vorlesungen der Professoren wirksam suppliren, nicht selten aber sogar an einer grossen nicht ein einziger.

Ich glaube nun, es würden sich die Opfer, welche ein philologisches Personal von dem oben geschilderten Bestande erheischen könnte, von den einzelnen Staaten, selbst kleinen, sehr wohl beschaffen lassen. Die Wissenschaft ist überhaupt in ihren materiellen Forderungen bescheiden: sollte diese ein Staat nicht mehr erfüllen können, so thäte er besser zu abdiciren.

Auch könnte man schlimmsten Falles die Zahl der Universitäten ein wenig beschränken. Deutschland laborirt zwar eigentlich nicht, wie die Schweiz und Holland, an zu vielen Universitäten: gleichwohl glaube ich, dass man schlimmsten Falls ohne Schaden für das geistige Leben des Deutschen Volkes drei bis vier mit andern verschmelzen könnte.

Dies führt mich auf die Frage, wie weit die Existenz der kleinen Universitäten für das Studium der klassischen Philologie förderlich oder hinderlich sei.

Versteht man unter einer kleinen Universität eine solche, die an einem kleinen oder mittelgrossen Ort fundirt ist, so bin ich ihr eifriger Vertreter, ohne jedoch damit zu behaupten, dass die Universitäten in Weltstädten aufzuheben seien. Vielmehr hege ich die Meinung, dass beide, wenn auch aus sehr verschiedenen Gründen, sehr wohlthätig wirken können. Denn die grossen Universitäten bieten dem Studenten manches zur Bildung, sogar ausserhalb seiner Disciplin gelegenes, was er an kleinen oder an seinem künftigen Berufsorte oft vergeblich sucht; die kleinen dagegen sind dem Verkehr mit den Docenten, sowie der Vereinigung harmonirender Naturen zu gemeinsamem Studium günstiger.

Falls man dagegen unter einer kleinen Universität eine derartige versteht, an der das Docenten-Personal und die wissenschaftlichen Hülfsmittel ungenügend sind, so bin ich ihr entschiedener Gegner. Denn ich meine, dass der Staat gegen seine Angehörigen, und was damit gleichbedeutend ist, gegen sich selbst die moralische Verpflichtung hat, jedem Studenten die Möglichkeit zu gewähren, sich an einer Universität in allen Theilen der Wissenschaft, die dieser erkoren, vollständig, nicht bloss theilweise auszubilden, insofern es Vielen wegen ihrer Vermögenverhältnisse oder aus anderen Gründen garnicht möglich ist, mehrere Universitäten zu besuchen. Speciell bei den Philologen, die meist nicht sehr mit irdischen Gütern gesegnet sind, hat es unberechenbaren Schaden gestiftet, dass sie oft genug genöthigt waren sich auf Universitäten zu bilden, die von einer vollständigen Vertretung der wichtigsten Fächer weit entfernt waren.

Meint man, es würde sich so die Zahl der Studenten, die von einer Universität zur anderen gehen, verringern, so gebe ich dies zu, ohne darin einen besondern Schaden zu sehen. Ganz aufhören werden aber diese Zugvögel, um mich so auszudrücken, gewiss nicht, und dies wäre auch nicht zu wünschen. Vielmehr werden immer viele junge Männer, sei es um studentischer Divertissements willen, sei es umgekehrt, um ruhiger zu arbeiten, sei es endlich um den Unterricht berühmter Gelehrten zu geniessen, sich nicht mit einer Universität begnügen. Denn wenn auch die Quantität der philologischen Lehrer überall gleich wäre, die Qualität wird natürlich immer differiren.

Eine Verstärkung der Lehrkräfte an den kleineren Universitäten scheint mir übrigens auch deshalb geboten, um die Präponderanz der grossen zu brechen, die leicht für die Freiheit der Wissenschaft sehr bedenkliche Folgen haben kann.

Was die Zeit des akademischen Studiums betrifft, so pflegen schon jetzt die meisten Studenten der Philologie, in Folge des Anwachsens der Wissenschaft und der Anforderungen, dem Triennium ein Quadriennium zu substituiren; es würde nichts schaden, dies gesetzlich zu fixiren. Verbleibt ein Student noch länger auf der Universität — desto besser.

Sollte man den oben exponirten Rathschlägen Beachtung schenken, so würde — ich glaube es verbürgen zu können — dies die segensreichsten Folgen haben. Es wäre dann möglich, was jetzt an vielen Universitäten selbst bei der aufopferndsten Hingebung, dem grössten Lehrtalent der Docenten nicht wohl zu erfüllen ist, dass jeder Student der klassischen Philologie, dem es nicht ganz an Talent und Eifer gebricht, die Universität verliesse als ein tüchtiger Philologe, als ein im besten Sinn des Wortes liberal gebildeter Kenner des Alterthums, eine verkörperte Verneinung der noch immer nicht ausgestorbenen Species des Doctor umbraticus, den Ruhnken so meisterhaft geschildert. Es würde ihm zu dem erfolgreichsten Unterricht nichts mangeln als die Kenntniss der praktischen Kunstgriffe der Pädagogik, die nun einmal lediglich durch die Praxis erlernt werden können. Abgesehen hiervon würden sich die Begriffe »tüchtiger Philologe« und »tüchtiger Gymnasiallehrer« decken, was jetzt keineswegs immer der Fall ist.

Ich brauche wohl nicht zu bemerken, dass ich keineswegs meine, es solle der Gymnasiallehrer nach dem Eintritt in's Amt der Beschäftigung mit der Wissenschaft Lebewohl sagen. Hat selbst unter den akademischen Professoren nie Jemand, und wäre er der begabteste Mann gewesen, am Ende seines Lebens sich einer vollständigen Kenntniss des klassischen Alterthums rühmen können (die Unermesslichkeit des Stoffes hindert dies) —, wie sollte ein Student — und wäre er mit Intellect und Gedächtniss noch so reich ausgestattet, wäre er ferner, was hierbei ungemein wichtig, noch so gut vorbereitet zur Universität gekommen — am Ende des Trienniums oder Quadrienniums auf seinen Lorbern ruhen dürfen! Vollständig aber soll er eingeweiht sein in die Methode, damit er, um mich eines populären Ausdrucks zu bedienen, wisse, wo Barthel Most holt, damit er selbst erkenne, welche Wege er einzuschlagen hat, wenn er irgendwo seine Kenntnisse suppliren oder auch frei produciren will. Und dies ihm beizubringen ist die erste Pflicht und Aufgabe des Professors, nicht etwa seinen Kopf mit wüstem und ungeordnetem Notizenkram oder mit endlosen Citaten zu füllen.

Doch ich kehre wieder zum An. zurück.

Er meint offenbar, ich hätte zuerst den Gedanken gefasst, dass die erste und wichtigste Pflicht eines Professors der klassischen Philologie sei, tüchtige Gymnasiallehrer zu bilden. Wahrlich, es stände schlimm mit der kulturhistorischen Aufgabe der klassischen Philologie, eine Lehrerin und Bildnerin der Völker zu sein, schlimmer noch mit dem Urtheil oder der Ehrlichkeit der frühern Philologen, wenn er recht hätte. Er beweist aber auch hier nur seine Unwissenheit.

Von Lachmann z. B. zeigt sowohl die Kenntniss seiner Lehrthätigkeit als auch die Biographie von M. Hertz, dass er die Heranbildung von Gymnasiallehrern als die erste und wichtigste, natürlich nicht die einzige, Aufgabe der philologischen Professoren ansah. Von M. Haupt, der zwar durch gewisse Mängel, die ihm anhafteten, verhindert war in der klassischen Philologie eine eigentliche Schule zu bilden, aber übrigens ein vorzüglicher Docent war, weiss ich es aus seinem eigenen Munde, dass er ganz derselben Ansicht war. Ein Blick auf Böckh's, auf Hermann's akademische Thätigkeit zeigt eben dies. Und hat der grösste aller Deutschen Philologen, F. A. Wolf, dem vor allen der Deutsche Gymnasiallehrerstand seine Hebung verdankt, wohl anders geurtheilt? Nur die völlige Unkenntniss von Wolf's pädagogischer Thätigkeit kann dies behaupten. Man kann sogar sagen, dass unter allen grossen Philologen Deutschlands von Wolf bis auf Ritschl kein einziger der entgegengesetzten Ansicht war. Selbst Ritschl hat, soweit mir bekannt, niemals, weder öffentlich noch privatim, behauptet, dass er die Bildung von Gymnasiallehrern nicht als die erste und wichtigste Aufgabe der philologischen Professoren ansähe, er vermerkte es vielmehr stets sehr übel, wenn man ihm vorwarf, dass er keine Gymnasiallehrer bilde. — Wie wäre es auch anders möglich gewesen?

Wenn der philologische Professor seine Collegien nicht den Bedürfnissen der künftigen Gymnasiallehrer accommodirt — für wen soll er sie dann einrichten?

Etwa für die wenigen Dilettanten, die humanistischer Zwecke wegen philologische Collegien zuweilen hören? — Das wird doch selbst der An. nicht behaupten.

Oder für die künftigen akademischen Docenten? — Aber wie klein ist diese Zahl gegen die, welche die Gymnasialcarriere einzuschlagen beabsichtigen. Auch weiss wohl fast nie ein Student, wenn er zur Universität kommt, ob er später die akademische Laufbahn einschlagen wird. Viele wissen dies selbst in den ersten Jahren, ja sogar nach Beendigung des Studiums noch nicht genau. Noch andere gehen später von dieser Carriere in die andere über, und umgekehrt. Oder sollten etwa wenigstens für die künftigen akademischen Docenten besondere Collegien und Uebungen eingerichtet werden? Das geht aus den eben dargelegten Gründen auch nicht. Ausserdem würde dies bedenklich an chinesische Institutionen erinnern.

Es würden nun die von mir und den oben genannten Männern vertretenen Ansichten nur dann einem begründeten Vorwurf unterliegen, wenn die Absicht vorgewaltet hätte, die Studenten zum Staatsexamen abzurichten oder, um mich eines studentischen Ausdrucks zu bedienen, einzupauken, aus ihnen nicht tüchtige Philologen zu machen. Das aber kann kein Verständiger annehmen.

Ritschl wurde durch seine plautinischen Studien, auf die er sich schon in jungen Jahren warf und die er dann mit allem, was sich an diese knüpfte, bis zum Lebensende eifrigst gepflegt hat, veranlasst einen grossen Theil seiner lehrhaften Thätigkeit in Colleg und Seminar aus dem alten Latein zu nehmen. Auch sonst berücksichtigte er die Bedürfnisse der Gymnasien nicht genug. In pädagogischer Hinsicht war dies aus dem Grunde, den ich mit den Worten eines feinen Kenners von Ritschl's Ingenium, Herrn Pomjalowsky, S. 66 der wissenschaftlichen Biographie wiedergegeben habe, durchaus nicht so schädlich, als es hätte sein können. Doch verschwiegen durfte der S. 65 ausgesprochene Tadel nicht werden, um so weniger, als unter Ritschl's Schülern, auch unter den besseren und bedeutenderen, manche sind, deren pädagogische Thätigkeit eine entschiedene Nachfolge jener Einseitigkeit Ritschl's, ja ein Ueberbieten derselben zeigt. Gewänne diese auf den Deutschen Universitäten die Oberhand, so würde dies für die klassischen Studien kaum minder verhängnissvoll sein, als wenn die reale Philologie zur Grundlage der akademischen und gymnasialen Jugendbildung gemacht würde.

Ich glaubte mich um so mehr über diesen wichtigen Punkt offen aussprechen zu können, als ich, mag ich auch an einzelnen Schülern Ritschl's wenig Geschmack finden, der Schule als solcher nicht im mindesten feindlich gegenüber stehe, wir vielmehr ganz einig sind in dem wichtigsten Punkte, nämlich, dass die formale Philologie die Grundlage alles philologischen Studiums sein und bleiben muss, indem man von ihr leicht zur realen Bildung, aber nicht in gleicher Weise umgekehrt von der realen zur formalen gelangen kann.

Ich gehe jetzt zu der zweitwichtigsten Aufgabe des Professors der klassischen Philologie über, zur Bildung akademischer Docenten, indem ich zunächst auf das verweise, was ich S. 10 der wissenschaftlichen Biographie bemerkt habe.

Auf welchem Wege kann der philologische Professor der zweiten, auch wesentlichen Aufgabe, Gelehrte heranzuziehen, welche nach ihm auf den Universitäten die Wissenschaft durch Schrift und Wort würdig fördern, am besten Genüge leisten?

Zunächst ist natürlich erforderlich wissenschaftliches Urtheil, um bei den Uebungen und bei persönlichem Verkehr die guten Einfälle der Studenten von den schlechten, die ausgezeichneten von den leidlichen zu sondern.

Ferner bedarf es des pädagogischen Tactes. Mag ein

Gelehrter in seinen Schriften noch so scharf sein — Studenten gegenüber soll er immer so milde wie möglich auftreten, immer eine lebendige Illustration des alten Spruches »didicisse fideliter artes emollit mores.« Nur da bedarf es der Energie, wo es darauf ankommt, die anmassende Unwissenheit oder Gedankenlosigkeit zurückzuweisen, oder die Neigung zum Phrasenmachen zu unterdrücken, oder entschiedene Talente vom falschen Wege zurückzuhalten. Sonst aber sollte bei allen Verirrungen der Studenten, zumal wenn man es mit einer tüchtigen, nur noch nicht — was ja in jungen Jahren so natürlich — zur Klarheit herausgearbeiteten Natur zu thun hat, die möglichste Schonung und Nachsicht vorwalten. Der Schade, den ein Professor durch abstossendes, terrorisirendes Benehmen begabten, schüchternen Studenten gegenüber anrichten kann, ist unberechenbar. Ist jedoch einem Docenten die Grazie von der Natur versagt, so erscheint es immer noch besser, wenn er grob als wenn er ironisch ist. Denn gegen Grobheit kann sich der Student allenfalls vertheidigen; gegen Ironie aber ist er dem an Wissen und Leistungen so weit überlegenen Lehrer gegenüber wehrlos. Ausserdem wirkt Ironie wie ein Sturzbad auf jugendliche Begeisterung.

Im übrigen, glaube ich, ist die äusserste Vorsicht anzuwenden, bevor man einem begabten Studenten zur Ergreifung der akademischen Carriere räth. Zunächst deshalb, weil sich während der Universitätsjahre nur in ganz einzelnen Fällen, bei besonders hervorragenden Naturen, wird feststellen lassen, ob der Betreffende ein Kritiker ist oder bloss eine kritische Ader hat. Ferner ist das künftige Schicksal eines Privatdocenten bei der geringen Zahl von Professuren und der verhältnissmässig grossen Umlagerung und Umwerbung der einzelnen Stellen ein sehr ungewisses. Bei dem Erfolg geben hier häufig noch andere Sachen den Ausschlag als wissenschaftliche Leistungen und Lehrbegabung. Ich bin deshalb der Meinung, es solle ein Professor nie zur Betretung der akademischen Laufbahn ermuntern, ausser wenn er zugleich von der aussergewöhnlichen Begabung eines Schülers fest überzeugt ist und genug Einfluss besitzt, um wenigstens mit einiger Sicherheit zu hoffen, es werde sich die Zukunft des so Ermunterten sicher stellen lassen.

Bei dieser Gelegenheit kann ich nicht umhin, eine Ansicht Lachmanns, der leider in philologischer wie pädagogischer Hinsicht heutzutage von Vielen viel zu wenig beachtet wird, zu adoptiren und kräftig zu vertreten.

Lachmann[1]) war der Meinung, man solle die Habilitation der Privatdocenten frühstens drei Jahre nach der Doctorpromotion, also der Vollendung des akademischen Trienniums oder Quadrienniums, gestatten, weil eine längere Vorbereitungszeit ganz besonders dazu diene, »die Einseitigkeiten, Lücken und Mängel der bisherigen Ausbildung zu entfernen.« Ein vortrefflicher, Lachmann's würdiger Gedanke! Ritschl war bekanntlich in dieser Hinsicht laxerer Ansicht, nicht immer zum Vortheil der Sache. — In der That ist bei dem heutigen Umfang der philologischen Disciplinen es schwer möglich, dass ein angehender Docent anders eine einigermassen umfassende Kenntniss derselben, ja selbst nur eine recht gründliche Kenntniss in seinem speciellen Fach habe, ohne jener Forderung Genüge zu leisten. Die Meinung, es lasse sich später vieles suppliren,

---

[1]) vgl. die Biographie von M. Hertz, S. 79.

ist sehr zweifelhaft. Denn der Privatdocent ist mit dem Ausarbeiten seiner Vorlesungen, sowie wissenschaftlicher Werke, die ihm den Weg zur Professur bahnen sollen, vollauf beschäftigt. Ist er aber Professor geworden, so muss er gewöhnlich den Kreis seiner Vorlesungen noch erweitern, ausserdem kommen die Examina und andere amtliche Geschäfte, endlich noch, falls er nicht, was doch kaum zu billigen, es vorzieht auf seinen Lorbeern zu ruhen, weitere wissenschaftliche Productionen. Dies alles hindert, in dem Masse »Einseitigkeiten, Lücken und Mängel« der Ausbildung auf der Universität zu beseitigen, als nöthig wäre. Diese Pflicht aber hat der Docent eben so sehr gegen sich als gegen seine Zuhörer. Denn nur durch umfassende Gelehrsamkeit vermag er es, den übrigen namhaften Gelehrten derselben oder früherer Zeit gerecht zu werden, seinen Zuhörern Achtung und Sympathie für die grossen Geister des klassischen Philologie einzuflössen, bei seinen eigenen Forschungen, wie bei denen, die er anregt, gehörig der Wahrheit zu dienen. Andernfalls kann ihm leicht ein ähnlicher Vorwurf zu Theil werden, als man Seneca in Bezug auf seinen Schüler Nero machte: er habe ihn vom Studium der alten Redner ferngehalten, um ihn desto länger in der Bewunderung der Beredsamkeit seines Lehrers zu bannen.

Es sollte also von Staatswegen eine Bestimmung, wie die von Lachmann gewünschte, für die Habilitation festgesetzt werden.

Man entgegne nicht, die Concurrenz in der Wissenschaft müsse frei sein, man solle das Talent nicht hemmen, und was dergleichen Phrasen mehr sind.

Die Wissenschaft ist kein Handelsartikel; anders ist der Weg des Gelehrten und anders der des Börsenfürsten.

Um einen grossen Gelehrten zu bilden, bedarf es ferner nicht blos des Talents, sondern ebensosehr der Gelehrsamkeit (von der er ja den Namen hat), die nur durch gründliches Studium erlangt wird, und ohne die selbst das Genie in der Wissenschaft häufig nichts machen kann. Gewichtiger ist etwas anderes. Man könnte einwenden, dass in unseren materiellen Zeiten, wenn der Zutritt zur akademischen Lehrthätigkeit in besagter Weise erschwert würde, sich die Zahl der Privatdocenten, der Pflanzschule künftiger Professoren, in bedenklicher Weise vermindern könnte.

Aber auch dagegen liesse sich wohl Rath schaffen, theils indem man junge Doctoren der Philologie, die von gewichtigen Autoritäten empfohlen sind, wenn sie dessen bedürfen, während der Zeit, bevor sie sich habilitiren, liberal unterstützte, theils indem man tüchtige Kräfte nach der Habilitation so schnell als irgend möglich beförderte.

Zum Schluss ärgert sich der An., der, wie es scheint, Gräcist ist — Latinist wenigstens ist er nicht, wie wir gesehen haben —, dass ich Cobet den ersten Gräcisten dieses Jahrhunderts genannt habe, und fragt, ob mir der Name Lobeck niemals — ich gebe des An. eigene Worte — donnernd an's Ohr geschlagen sei. — Ich kann ihm versichern, dass mir Lobeck's Name ebensowenig als der G. Hermann's unbekannt ist. Es leitete mich aber bei meinem, durchaus nicht von persönlicher Sympathie bestimmten, Urtheil die Meinung, dass Hermann und Lobeck, mögen sie auch an Kenntniss der Arbeiten neuerer Gräcisten Cobet weit überlegen, an Belesenheit in den griechischen Autoren ihm gleich sein, doch an ingeniöser Divination und subtiler Beobachtung und Scheidung inner halb des griechischen Sprachgebrauchs, speciell was Ionismus und Atticismus betrifft, ihm nicht ganz gleich sind. — Ausführlich habe ich mich über Cobet's Vorzüge und Mängel S. 117 ff. der Geschichte der klassischen Philologie in den Niederlanden ausgesprochen. Dass mein Urtheil in der wissenschaftlichen Biographie noch günstiger ausgefallen, ist theils dem erneuten Studium seiner Arbeiten, theils seinen seit 1869 erfolgten Publicationen zuzuschreiben.

Ich benutze aber diese Gelegenheit, um die Meinung auszusprechen, dass überhaupt von manchen Gräcisten Deutschlands dem grammatischen wie dem syntaktischen Theil der griechischen Philologie nicht die Wichtigkeit beigelegt zu sein scheint, die sie verdienten. Ob dies im Augenblick überall geschieht, ob was die Vorlesungen über Grammatik und Syntaxis, sowie über die für den Studenten der Philologie wichtigsten Autoren des alten Griechenlands betrifft, nicht manche Universitäten Deutschlands zur Stunde bedenkliche Lücken zeigen — darüber mögen andere entscheiden.

Ich wähle ein paar Beispiele aus der Vergangenheit.

Böckh's Ingenium war freilich so universal, dass es keinen Theil der griechischen Alterthumskunde ausser Acht liess. Aber doch tritt, wenn ich nicht irre, die Behandlung der Grammatik und Syntaxis bei ihm in Vergleich zu den Productionen auf vielen andern Gebieten der griechischen Philologie zurück. Noch mehr gilt dies für seinen grossen Schüler, den allzufrüh gestorbenen Otfried Müller, und am übelsten dürfte es in dieser Hinsicht mit Welcker stehen.

Sollte alles, was ich eben über Cobet u. s. w. gesagt, unbegründet sein, so werde ich mich freuen, von namhaften

Gräcisten mit Beweisen und sachlichen Gründen des Gegentheils überführt zu werden. Nur möge man in diese Fragen nicht chauvinistische Vorurtheile und nationale Eitelkeit einmischen, mit denen die Wissenschaft nichts gemein hat. Das beste Mittel für ein Volk, um immer an der Spitze der Bildung und Gelehrsamkeit zu marschiren, ist wenn es glaubt, es marschire nicht an der Spitze.

Ich bin, Herr College, am Ende meiner Entgegnung angelangt — aber erwarten Sie keine Wiederholung derselben! Ich glaube für jeden, der nur ein Fünkchen Wissen, Geist und Methode, nur ein Körnchen Unbefangenheit hat — denn leider sind einige, zum Glück wenige, und meist untergeordnete, Philologen meiner Heimath von einem, man kann nur sagen: stupiden Hass gegen mich erfüllt, so weit ich sehe, doch nur, weil ich gern meinen eigenen Weg gehe und ein abgesagter Feind aller Coterien und alles erschlichenen Ruhmes bin —, für alle in Betracht kommenden also glaub' ich nachgewiesen zu haben, dass Ihr An. zu tief steht, um auch nur das Wesen einer wissenschaftlichen Biographie zu begreifen, geschweige um über sie urtheilen zu können. Nicht um ihn zu widerlegen schrieb ich diese Entgegnung, da ich Wichtigeres zu thun habe, und sehr gering von dem Wissen und dem Urtheil meiner deutschen Fachgenossen denken müsste, wenn ich diese Recension einer Wiederlegung bedürftig hielte, sondern theils weil ich hoffen durfte, Sie und das Publicum durch eigene Expositionen vergessen zu machen, welchem Anlass sie entsprungen war, theils um Sie durch ein ausführlich motivirtes Beispiel zu veranlassen, künftig grössere Sorge und Aufmerksamkeit auf die Wahl derer zu wenden, denen Sie Recensionen innerhalb des Gebietes der klassischen Philologie anvertrauen.

Denn ich kann Ihnen nicht verhehlen, dass grade in dem letzten Lustrum ziemlich viel Recensionen philologischer Bücher in dem Lit. Centralbl. erschienen sind, die, nach meiner Ansicht, mochten sie auch nicht so tief stehen als die eben zurückgewiesene, viel, sehr viel zu wünschen liessen, sowohl was die gründliche Kenntniss der besprochenen Schriften und das feinere Verständniss der Intentionen ihrer Autoren, als auch was die Vertheilung von Lob und Tadel betraf, ob auch alles, wie zuweilen geschehen, in der bewusstesten, selbstgefälligsten Form vorgetragen war.

Nun sind freilich, bei den weiten Zielen, die sich das Lit. Centralbl. gesteckt hat, ungerechte Recensionen garnicht zu vermeiden, und Niemand wird es tadeln, dass Sie innerhalb der Wissenschaften, in denen Sie wenig oder gar nicht zu Hause, also ganz auf fremden Rath angewiesen sind, mitunter fehlgreifen. — Die Schwierigkeit für Sie wird noch grösser durch das Princip, möglichst kurze Recensionen zu bringen, so dass diese nur ganz ausnahmsweise über das schon ungern gewährte Maximum von 120 Zeilen hinausgehen. Freilich stiftet eine kurze Recension, wenn sie unparteiisch, sachkundig und verständig geschrieben ist, mehr Nutzen als eine lange: aber dafür ist sie auch desto schwieriger. Was der Dichter sagt:

> Oftmals zeichnet der Meister ein Bild durch wenige Striche,
> Was mit unendlichem Wust nie der Geselle vermag;

gilt mindestens ebensosehr für Kritiken als für die Werke freier Schöpfung. Es ist unendlich schwerer, in wenigen Zeilen Inhalt, Ziel und leitende Gedanken, Vorzüge und Mängel einer Schrift klarzustellen als auf vielen Seiten. Es sollten also kurze Recensionen immer nur von Meistern der Wissenschaft verfasst werden: jeder weiss aber, dass grade ältere Gelehrte — unter denen doch naturgemäss die Meister am ersten zu finden sind — oft überhaupt wenig Neigung zum Recensiren verspüren, sei es, sie dass die Schwierigkeit einer guten Recension besser erkennen als das jüngere Geschlecht, sei es, dass sie mit Werken selbständiger Production vollauf beschäftigt sind. Indessen dies alles möchte vielleicht noch minder in's Gewicht fallen. Sehr bedenklich oder vielmehr entschieden schädlich aber ist der Grundsatz, den ein Blick auf das Lit. Centralbl. erkennen lässt, und den Sie zum Ueberfluss mir einmal persönlich ausgesprochen haben, von jedem erschienenen Werk so schnell als möglich eine kritische Anzeige zu liefern. Dieser trägt, wenn ich nicht irre, die Hauptschuld an den verunglückten Recensionen Ihres Journals. Soweit ich absehe, hat niemand an schnellen Recensionen eines Buches ein Interesse, ausser dass sich etwa der Verleger, des Absatzes wegen, recht bald eine möglichst vortheilhafte Kritik wünschen mag — und ich weiss, wie wenig dies für Sie massgebend ist. Sonst hat aber weder der Autor noch die Wissenschaft ein Interesse, dass eine Schrift schnell, sondern dass sie gerecht und fruchtbringend recensirt werde. Dasselbe gilt für das Publicum. Denn schlimmstenfalls ist es besser, wenn dieser oder jener ein schlechtes Buch liest, weil er nicht rechtzeitig davor gewarnt ist, als wenn er ein gutes Buch vernachlässigt, weil eine vorschnelle und unreife Recension ihn abgeschreckt.

Wenden Sie dies einmal auf den vorliegenden Fall an! Am 22. September berichtete das Lit. Centralbl., dass in der Woche vom 8. bis 15. d. M. unter andern neuerschienenen Schriften auch meine Schrift in der Redaktion niedergelegt sei — bekanntlich pflegen die von den Verlegern an die kritischen Zeitschriften verschickten s. g. Pflichtexemplare immer vor der buchhändlerischen Versendung von Novitäten oder spätestens gleichzeitig ausgetheilt zu werden. — Und siehe da! Sechs Wochen darauf, am 27. October, als das Buch noch kaum recht in's Publicum gelangt war, findet sich im Lit. Centrabl. fix und fertig eine ausführliche »Kritik« der wissenschaftlichen Biographie Ritschl's. Bis zur Stunde, Ende des Jahres 1877, ist dies die einzige Kritik, von der ich gehört. Ich hoffe Ihnen klar gemacht zu haben, Herr College, dass es für Ihr Journal besser gewesen wäre, Sie hätten nach eben so viel Jahren eine Kritik gebracht — oder auch gar keine — als diese. Um bei der zweiten Möglichkeit einen Augenblick zu verweilen — es kann für den Herausgeber einer Zeitschrift, wie das Lit. Centralbl., oft schwer werden, einer Schrift, die er recensirt wünscht, gerecht zu werden, wenn entweder der Autor viel Gegner in der gelehrten Welt hat,· oder nur Wenige auf dem gleichen Gebiet competent und diese zu einer Recension nicht willig sind. In diesem Fall gibt es ein sehr einfaches Mittel — man recensire gar nicht! Es wird bei dem verständigen Publicum einer kritischen Zeitschrift nie zum Vorwurf gereichen, wenn in ihr Werke übergangen sind, sondern nur, wenn sie Recensionen bringt, die unwissend und gedankenlos sind.

Bedenken Sie nur, Herr College, wieviel Schaden z. B. die in Rede stehende Recension einem Anfänger in der Wissenschaft hätte bringen können! Konnte sie nicht einem solchen die Carriere erschweren oder gar ihm die Lust am wissenschaftlichen Produciren verleiden? Denn es ist immer misslich, auf eine Recension, mag sie noch so tief stehen, zu antworten. Das vulgus, also die grosse Majorität, im

Leben wie in der Wissenschaft, das stets, wie Tacitus sagt, ad deteriora promptum ist, wird in neun Fällen von zehn unbedenklich behaupten, dass nicht wirkliches Unrecht, sondern gekränkte Eitelkeit dem Erwidernden die Feder in die Hand gegeben.

Mit Rücksicht auf die oben geschilderten Schwierigkeiten und Mängel verdient es noch alle Anerkennung, dass das Lit. Centralbl., mögen auch noch so viele verunglückte und verkehrte Recensionen untergelaufen sein, doch in der Fälle Mehrzahl, soweit mein Urtheil reicht, sich auf eine nicht unrühmliche, für die Wissenschaft nicht unerspriessliche Weise seiner Aufgabe erledigt hat.

Was die im Lit. Centralbl. beliebte Anonymität betrifft, so habe ich, wie viele Gelehrte, die für Sie geschrieben, von derselben keinen Gebrauch gemacht. Denn es war wohl nie ein Leser im Zweifel, wen die Buchstaben »q. s. f. s. p.« bezeichneten, selbst abgesehen, dass ich es an äusseren Indicien nicht fehlen liess.

Doch kann ich Schopenhauer's bekannte Ansichten über anonyme Recensionen nicht billigen, meine vielmehr, dass bei Recensionen gelehrter Journale, grade wie bei den Leitartikeln und Correspondenzen der politischen Blätter, ziemlich ebensoviel für die Anonymität spricht als dagegen.

Wenn in anonymen Recensionen sich Hass und Neid bequemer Luft machen können als in gezeichneten, so bieten diese wieder der Augendienerei und Servilität gegen einflussreiche Grössen der gelehrten Welt ein günstigeres Feld. Wenn, geschützt durch die Anonymität, zuweilen die unbedeutendsten Persönlichkeiten über die grössten Geister straflos zu Gericht sitzen, so hat die Anonymität wieder das Gute, dass, wenn ein Gelehrter ersten Ranges, der doch auch irren kann, ungerechten Tadel über ein Werk ausgiesst, dies dem Betroffenen weit weniger schadet, als wenn jener das Urtheil mit der Autorität seines Namens gestützt hätte.

Kurz ich halte diejenigen für Ideologen, die meinen, es würden mit dem Schwinden der Anonymität auch die ungerechten Kritiken aufhören. Vielmehr werden die schlechten Recensenten genau so lange bleiben wie die schlechten Schriftsteller, d. h. vermuthlich bis an's Ende der Welt — denn beide ergänzen sich wechselseitig.

Nur sollten die Vertreter anonymer Recensionen, wenn solche, wie offenbar die in Rede stehende, von jungen, in der Wissenschaft wenig bekannten Persönlichkeiten herrühren, diesen, zumal Gelehrten von einigem Namen gegenüber, stets die grösste Rücksicht und Bescheidenheit zur Pflicht machen.

Prüfen Sie einmal darauf hin, geehrter Herr College, die Recension der wissenschaftlichen Biographie!

Wie stets, ist auch hier mit der Unwissenheit und Gedankenlosigkeit im Bunde der Dritte die Ueberhebung.

Bis hierher wendet sich das Supplement der wissenschaftlichen Biographie Ritschl's zuerst an Sie. Das Folgende appellirt nicht in gleicher Weise an Ihre Adresse. Es ist zunächst bestimmt für die Vertreter der klassischen Philologie, erst in zweiter Instanz für die Uebrigen, soweit sie den Fragen der klassischen Philologie irgend welches Interesse entgegenbringen. Sollten Sie auch das Epimetron lesen, so wird dies für mich eine Ehre und ein Vergnügen sein. Für meine Zwecke nothwendig ist es nicht.

Ich bleibe mit schuldigen Gefühlen

St. Petersburg, den 27. December 1877. Ihr ergebenster

L. Müller.

Epimetron.

Ich kann dem freundlichen Publicum nicht verhehlen, dass ich an der Schrift über Ritschl ein besonderes Wohlgefallen empfinde — und wie ich oben gezeigt, nicht ich allein. Zum Beweis für jenes mag es gelten, dass ich jetzt, lange nach Beendigung des Druckes, obwohl ich — im Gegensatz zu den Behauptungen Böswilliger — der strengste Richter meiner Arbeiten bin und unermüdlich an ihrer materiellen und formellen Vollendung feile, auch wenn sie längst die Presse verlassen — dass ich noch jetzt kein Jota in ihr gestrichen sehen möchte. — Oder vielmehr doch ein Jota, damit ich nicht die Unwahrheit sage. Ich bitte nämlich, S. 13 zu lesen $\sigma\tau\tilde{\omega}$, nicht $\sigma\tau\tilde{\varphi}$, wie gedruckt ist. Die Setzer hatten mit einer bessern Sache würdigem Eifer statt des ersten Buchstabens hartnäckig ein Omikron gesetzt, und bei dem lange vergeblichen Bemühen, ihnen den richtigen Buchstaben klar zu machen, entging mir ihr zweiter Fauxpas. — Noch sonst sind ein paar Druckfehler mir aufgefallen: doch verlohnt es sich nicht, sie zu notiren, ausser dass ich S. 24 Z. 10 zu lesen bitte: Bei seiner Beurtheilung.

Doch um zu wesentlicherem zu kommen — es kann bei Menge und Wichtigkeit der in der wissenschaftlichen Biographie behandelten Gegenstände, sowie bei den engen Gränzen, die ich dieser gesteckt hatte, niemand verwundern, dass gar manches dort übergangen, anderes kürzer behandelt ist, als manchem wünschenswerth war. Deshalb gebe ich hier noch ein Epimetron, indem ich zuerst mich an die Beantwortung einiger von wohlmeinender Seite gestellten Anfragen mache.

Ein hochgeschätzter Freund in München schreibt mir, dass er sich im Ganzen mit den von mir in der wissenschaftlichen Biographie dargelegten Ansichten vereinigen könne, über einiges aber noch genauere Auskunft wünsche. — Zunächst ersucht er mich, die Autoren, deren Interpretation, nächst den S. 13 hervorgehobenen, ich S. 14, 15 als selbstverständlich bezeichne, genauer zu definiren.

Dieselben zerfallen meiner Ansicht nach, will man ganz streng sichten, in drei Klassen, wobei es aber leicht vorkommen kann, dass ein Autor zugleich zweien, gelegentlich sogar allen dreien angehört.

Zunächst kommen also solche Schriftwerke in Betracht, die gleichsam als Vorschule zu den S. 13 angegebenen, wichtigsten dienen können, indem sie zu deren Erklärung und Verständniss wesentlich beitragen.

So würden Antiphon und Andocides mit Rücksicht theils auf Thucydides, theils auf die spätere Entwickelung der attischen Beredsamkeit verwerthet werden können, ebenso als Gegenstück zu Demosthenes·Aeschines, der übrigens auch zuweilen in den Gymnasien gelesen wird. So werden sich mit Beziehung auf Horaz die Fragmente der griechischen Lyriker und Jambiker vortrefflich zu einem Colleg eignen — wohlgemerkt zu einem Colleg, nicht zu Uebungen in Seminarien, insofern überhaupt Fragmente nicht zu solchen Uebungen verwendet werden sollen! So könnte Lucrez, mit Heranziehung der Fragmente des Ennius und Lucilius, eine treffliche Vorschule für Virgil, Catull mit den übrigen »cantores Euphorionis« eine gleiche für Virgil und Horaz sein.

An zweiter Stelle sind zu tractiren solche Autoren, die entweder durch ihren ästhetischen Werth oder durch das Bedeutende ihres Inhalts hervorragen und so zur richtigen Würdigung, zum gründlichen Verständniss des Alterthums beitragen. In der ersten Hinsicht kämen z. B. in Betracht von den Griechen Pindar und Aristophanes (der übrigens auch hin und wieder auf Schulen gelesen wird), von den Römern Tibull und Properz; in der zweiten dort Polybius, hier die noch lange nicht genügend verwerthete Naturgeschichte des Plinius, diese natürlich in Auswahl.

Während die bisher bezeichneten Autoren sich vornehmlich zu Collegien eignen, würden die an dritter Stelle folgenden am besten zu Seminarübungen passen.

Es werden nämlich ferner heranzuziehen sein Werke, für welche durch Methode und Geist innerhalb des Gebietes der formalen Philologie ausgezeichnete Ausgaben vorliegen, zweitens solche, in denen noch viel zu bessern, also dem divinatorischen Scharfsinn viel Spielraum geboten ist. In beiden Arten dürfte auch stets ein dankbares Feld zu grammatischen oder metrischen Observationen sein.

Was die zweite Species von Autoren betrifft, so muss natürlich jeder Docent nach seiner eigenen Erfahrung wählen: nur möchte ich den Rath beifügen, solche Werke für Behandlung in Seminarien auszusuchen, bei denen Conjecturen mit der Hand, aber nicht mit dem ganzen Sack zu streuen sind. Denn zunächst muss der Schwerpunkt der Uebungen in die Interpretation sowie in die grammatische und metrische Observation, nicht in die Conjecturalkritik gelegt werden, auf dass der Student nicht meine, Philolog und Conjectator sei ganz dasselbe. Auch verwirrt es, wenn zu oft der ruhige, folgerechte Gang der Interpretation durch nothwendige Besserung einer bisher ungeheilten Stelle aufgehalten wird.

In Bezug auf die zuerst genannten Autoren kämen z. B. in Betracht Horaz und Terenz wegen Bentley's, Lucrez wegen Lachmann's, Plautus wegen Hermann's und zumal Ritschl's. Denn man irre sich nicht; Plautus und Terenz sind weder in ästhetischer noch in materieller Hinsicht so wichtig für den künftigen Philologen, dass sie unter die sub Nr. 1 und 2 verzeichneten Autoren zu rechnen wären. Was von ihnen wichtig ist, gehört in Vorlesungen über Grammatik, Metrik und Litteratur.

Uebrigens zeigt schon die Fülle der für die Interpretation in Betracht kommenden Autoren, wie begründet die oben ausgesprochene Forderung war, dass für die formale Philologie auf jeder Universität mindestens vier Professoren vorhanden seien.

Da ich eben von den Uebungen der Studenten sprach, so gestatte man mir eine Digression, um so eher, als eigentlich diese ganze Schrift nur aus Digressionen besteht.

Möge man ja nie vernachlässigen, bei Erklärung eines Autors im Seminar auch eine Uebersetzung zu fordern. Abgesehen dass dies eine vortreffliche Förderung in der Muttersprache ist, eine Förderung, die für die meisten Studenten noch sehr nothwendig — nur auf diese Weise hat man vollkommene Bürgschaft, dass der Student den behandelten Autor immer richtig versteht. Oft kommt es vor, dass die Befragten auf alle Details richtig antworten, und doch den Sinn des Ganzen nicht gefasst haben — weil eben selbst von dem sorgfältigsten Inquirenten nicht immer alles der Erklärung bedürftige gleich gründlich erörtert wird.

Derselbe Gelehrte fragt mich, mit Rücksicht auf das

was S. 51 in Bezug auf den Rückschritt in der Kunst des Lateinschreibens und die daher den klassischen Studien auf Universitäten und Gymnasien drohende Verwilderung und Roheit bemerkt, wie ich über die von Nägelsbach — auch von anderen Gelehrten Deutschlands — beliebten stilistischen Uebungen im Latein, bez. Griechisch, denke. — Ich bemerke zunächst, dass ich im Princip mit diesen völlig einverstanden bin. — Man lasse sich nur nicht durch abgeschmackte Phrasen von Beschränkung der studentischen Freiheit u. s. w. imponiren. Der schöne Name »Freiheit« wird hier, wie so oft im Leben, schnöde missbraucht.

Die Uebungen können doppelter Art sein. Entweder werden sie angekündigt mit einem Colleg über lateinische, bez. griechische Syntax. In diesem Fall ist es geradezu lächerlich, von Beschränkung der akademischen Freiheit zu reden: denn es steht ja in Jedes Belieben, solche Collegien anzunehmen oder nicht anzunehmen. Jedenfalls werden sie, wenn ein tüchtiger Docent für ihren Werth bürgt, stark besucht sein. Denn die Vortheile, die Gewandtheit im Griechischen und zumal im Lateinischen Ausdruck bringt, dürften jedem philologischen Studenten klar sein. — Oder, noch besser, die Uebungen werden in die Seminarien verlegt: auch in diesem Fall wird die studentische Freiheit nicht gekürzt. Denn die Mitglieder der Seminarien nehmen schon so gesetzlich, gegen bestimmte materielle Vortheile, gewisse Verpflichtungen in Bezug auf Interpretationen, Disputationen und schriftliche Arbeiten auf sich. Sollte man es nun für nöthig halten, wegen des Zutretens stilistischer Beschäftigungen, den lateinischen wie griechischen Uebungen noch je eine Stunde wöchentlich beizufügen, so wäre dies kein bedeutendes Hinderniss. Nur erforderte es die Billigkeit, mit der gesteigerten Arbeit auch die Remunerationen der bezüglichen Studenten zu erhöhen.

Die Uebungen könnten doppelter Art sein: entweder freie Themen philosophischen oder historischen — nicht philologischen — Inhalts, mit Rücksicht auf die Arbeiten, die der künftige Lehrer von den Gymnasiasten zu fordern hat, oder Uebersetzungen bestimmter Originale. Denn es leuchtet ein, dass alle stilistische Fertigkeit in der geschickten Wiedergabe sei es fremder, sei es eigener Gedanken und Deductionen besteht. Es ist schwer oder vielmehr unmöglich, zu sagen, was schwieriger ist. Denn die Schwierigkeit richtet sich nach dem verschiedenen Grad von Klarheit des Denkens bei den einzelnen Individuen. Doch sind, wenn man immer stilistische Meisterwerke zur Uebertragung erwählt, diese Uebungen wohl die erspriesslicheren.

Die Forderungen einer guten Uebersetzung sind, wie jeder weiss, materiell: Identität des Inhalts, stilistisch: möglichst naher Anschluss an das Original und Vermeidung aller Gewalt gegen die Sprache, in die man überträgt. Denn eine Uebersetzung ist keine Paraphrase, bei der es nur darauf ankommt, den Inhalt des Originals möglichst genau und klar wiederzugeben.

Von Uebungen in lateinischer, bez. griechischer Versification kann auf der Universität nicht wohl die Rede sein. Doch wird sich jeder Philologe ein Verdienst erwerben, wenn er poetische Versuche, mögen sie nun Uebersetzungen aus anderen Sprachen oder selbständige Arbeiten sein, thunlichst ermuntert und berücksichtigt.

Da ich ferner um meine Ansicht über das Verhältniss zwischen Philologie und Sprachvergleichung befragt bin, so möge sie hier folgen. Ich hatte absichtlich der Sprachvergleichung in der wissenschaftlichen Biographie S. 8 nicht Erwähnung gethan, weil ich eben für das, was man gemeiniglich unter Sprachvergleichung versteht, bei Feststellung der Aufgaben der klassischen Philologie keinen Platz fand. Ich will dies hier genauer motiviren. Unter Sprachvergleichung verstehe ich natürlich nicht die Vergleichung zwischen Latein und Griechisch, wie sie schon von den Alten zum grossen Vortheil der beiden Sprachen, zumal des Latein, der weit jüngern Schwester des Griechischen, dann seit der Renaissance von den Neuern betrieben ist. Vielmehr meine ich hier die Vergleichung anderer Sprachen, und zwar, um nicht in's Unendliche zu schweifen, die Vergleichung der mit den klassischen Idiomen verwandten des s. g. indo-europäischen Sprachgebietes. Diese in unserm Jahrhundert erfreulich aufgeblühte Disciplin gehört, meines Erachtens, nicht in das Gebiet der klassischen Philologie, obwohl sie ihm benachbart ist, und zwar aus folgenden Gründen.

Der Philologe — ich rede natürlich nur von den Philologen, wie sie sein sollen, nicht wie sie leider oft gewesen sind — betrachtet die Sprache durchaus nur als Mittel, in die geistigen Denkmäler eines Volkes so tief als irgend möglich einzudringen. Die gründlichsten, umfangreichsten, subtilsten Untersuchungen auf dem Gebiet der Grammatik, Syntax, Metrik sind ihm immer nur Vorarbeiten zu diesem Zweck. Wenn die klassischen Philologen mit einer oft verspotteten Sorgfalt den kleinsten, scheinbar geringfügigsten Details in Grammatik, Syntax und Metrik des Latein und Griechisch nachforschten, so thaten sie dies mit vollem Rechte, in sofern der so schwierige Bau der klassischen Sprachen, verbunden mit der grossen, nicht selten peinlichen, ja schulmässigen Sorge, welche die alten Griechen und Römer auf die formelle Vollendung ihrer Werke wandten, solche Untersuchungen absolut nothwendig machen. — Anders der Sprachvergleicher. Ihm ist die Sprache der Zweck, ähnlich wie dem Naturforscher, wenn auch beide zur Ergründung der Sprache vielfach verschiedene Mittel anwenden. Wie G. Curtius in dem Schriftchen »Philologie und Sprachwissenschaft« S. 20 sehr wahr sagt, ist das Gebiet des allgemeinen Sprachforschers die Naturseite, das des philologischen die Culturseite der Sprache. Man könnte auch sagen, die Philologie behandle hauptsächlich die subjective Seite einer Sprache, wie sie sich in der besondern Entwicklung jedes einzelnen Volkes im allgemeinen und jedes Individuums (vornehmlich natürlich jedes Schriftstellers) im besondern darstellt, die Sprachvergleichung dagegen vornehmlich die objective, indem sie die Gesetze einer Sprache mit Rücksicht auf ihren allgemein menschlichen Charakter (insofern die Sprache ein unterscheidendes und auszeichnendes Besitzthum des ganzen Menschengeschlechtes ist) in's Auge fasst, zunächst natürlich, weil dies das fruchtbringendste ist, durch Vergleichung mit den übrigen Sprachen derselben Familie. — Nun kann freilich wenigstens eine todte Sprache nur durch Lectüre der schriftlichen Denkmäler ergründet werden, und diese werden deshalb auch von dem Sprachvergleicher studirt. Aber die Litteratur ist ihm dabei Nebensache, nur Mittel zum Zweck. Das vollendetste Kunstwerk der Litteratur kann derart sein, dass der Sprachvergleicher an ihm vorübergeht. Umgekehrt kann ein Schriftstück, das in materieller wie in formeller Hinsicht gleich untergeordnet ist, für ihn wegen sprachlicher Eigenthümlichkeiten ein Document ersten Ranges sein, während der Philologe, für den die Sprache desto wichtiger ist, je mehr sie der höchsten Blüthe sich nähert, je zahlreichere Denkmäler der Litteratur sie aufzuweisen hat, solchen Piècen nur secundäre Bedeutung, häufig bloss den Werth eines Curiosums beilegt. — Alle Sprachforschung, wie jede historische Untersuchung, gleicht einem Janusbilde. Sie blickt theils vorwärts, theils rückwärts. Dabei theilen sich nun die Aufgaben so, dass der Philologe vornehmlich nach vorn schaut: sein wesentlichstes Interesse ist auf den Stand der Sprache gerichtet, den sie zur Zeit der grössten Vollendung der Litteratur, die naturgemäss mit der schönsten und reichsten Sprachentwicklung zusammenfällt, inne hat. Der Sprachvergleicher dagegen fasst vornehmlich die ältesten, der vorlitterarischen Zeit am nächsten stehenden Sprachgebilde in's Auge, mögen sie auch noch so roh sein, und mit Recht: denn diese repräsentiren die ursprüngliche, den Formationen verwandter Sprachen ähnlichste Gestalt eines Sprachbaus am treusten. So begegnen sich also Sprachvergleicher und Philologe am häufigsten in den ältesten Denkmälern der Sprache und Litteratur, am seltensten in denen, welche die feinste Entwicklung der Sprache und Litteratur repräsentiren.

Wie ich schon vorhin bemerkte, hat die Litteratur für den Sprachvergleicher ein rein sprachliches Interesse. Wird aber ein Sprachvergleicher mit der Litteratur, sowie überhaupt mit dem geistigen Leben eines Volkes so genau bekannt, dass er den philologischen Anforderungen entspricht, so hört er für die bezügliche Sprache eben auf bloss Sprachvergleicher zu sein, tritt vielmehr in die Reihe der Philologen.

An sich wäre es ja nun gewiss sehr erwünscht, wenn ein Gelehrter heutzutage zugleich im Gebiete der vergleichenden Sprachwissenschaft und der klassischen Philologie so zu Hause sein könnte, dass er in beiden auf der Höhe der Zeit stände, in beiden Hervorragendes leistete. Allein das menschliche Wissen und die menschliche Kraft haben eben ihre Grenzen. Das Beispiel Jacob Grimms, das Curtius in der oben citirten Schrift S. 22 für das Gegentheil anführt, ist meines Erachtens nicht glücklich gewählt. Denn erstens ist nicht jeder Philologe ein Jacob Grimm, zweitens war die speciale Disciplin Grimms, die der Germanischen Sprachen, bis auf ihn eine junge, wenig cultivirte, die erst durch ihn zur Reife geführt wurde. Der klassische Philologe arbeitet in einer seit Jahrhunderten gepflegten Wissenschaft, bei der er einer sehr umfangreichen Menge von Vorarbeiten, zum Theil der grössten Geister, Rechnung tragen muss.

Bei dem heutigen Umfange der klassischen Philologie ist es absolut unmöglich, beiden Disciplinen in gleicher Weise gerecht zu werden. Und da ein Gelehrter immer höher steht, wenn er sich beschränkt und in einem scharf begränzten Kreise Tüchtiges leistet, alles Uebrige dagegen aus zweiter Hand nimmt, als wenn er überall operirt und von allem etwas, aber nichts gründlich weiss, so bin ich entschieden der Meinung, der klassische Philologe solle sich von der Sprachvergleichung thunlichst fernhalten und umgekehrt.

Aus diesem Grunde würde ich es auch sehr missbilligen, wenn, was von den Sprachvergleichern zuweilen etwas stürmisch, obschon gewiss mit bester Absicht, gefordert wurde, die Kenntniss des Sanskrit für das Staatsexamen der Philologen obligatorisch gemacht würde.

Wer mehr als oberflächlich in der klassischen Philologie Bescheid weiss, dem ist bekannt, dass sie schon heut einen solchen Umfang hat, dass auch der begabteste und fleissigste Student alle Kräfte aufbieten muss, um beim Abschluss des Quadrienniums ein nur einigermassen treues und vollständiges Bild der Alterthumswissenschaft von der Universität mitzunehmen, an dessen Ergänzung und Ausführung im Detail er, will er gewissenhaft sein, noch in spätern Jahren genug zu thun hat — ganz abgesehen von selbständigen Productionen in der Wissenschaft. — Und diese schwere Aufgabe will man noch schwerer machen durch neue Forderungen! Denn selbstverständlich hätte ein ähnliches Gesetz nur Sinn, wenn eine gründliche, nicht eine oberflächliche Kenntniss der altindischen Sprache und Litteratur zu erreichen wäre, weil, im andern Falle, die in unserer Zeit schon so weit verbreitete Neigung, von Vielem etwas, aber nichts gründlich zu wissen, und für alles mögliche ein Interesse zu zeigen, ohne eigentlich für irgend etwas ein energisches Interesse zu besitzen, kurz mehr zu scheinen als zu sein, von Staatswegen bedenklichst gefördert würde.

Zum gründlichen Studium aber des Sanskrit gehört, wie mir alle Kenner dieser Sprache versichert haben, soviel Zeit, wie sie der Student der klassischen Philologie ohne bedeutende Verflachung der philologischen Studien unmöglich aufwenden kann.

Vielleicht noch schlimmer wäre es, dass durch ein solches Gesetz die schon durch Ritschl's Einfluss, wenn auch mehr zufällig und wider seinen Willen, bedenklich geförderte Neigung vieler heutigen Philologen, den Schwerpunkt der klassischen Philologie aus der Mitte des Kreislaufes der antiken sprachlichen und litterarischen Entwicklung in die Peripherie zu verlegen, wogegen im Interesse der culturhistorischen Aufgabe unserer Disciplin auf's schärfste angekämpft werden muss, eine öffentliche Ermunterung, wo nicht gar Sanction erhalten würde.

Möge sich also der Philologe begnügen mit Erwerbung, bezüglich Mehrung des sprachlichen Wissens, wie es die gründliche Kenntniss der römischen und griechischen Litteratur gewähren kann, und alles, was aus der indo-europäischen Sprachvergleichung für ihn in Betracht kommt, aus zweiter Hand nehmen! Selbst innerhalb der klassischen Philologie muss ja der Formalist oft genug vom Realisten, und umgekehrt dieser von jenem aus zweiter Hand nehmen. Auch ist dies kein so grosses Unglück. Denn ein tüchtiger Gelehrter wird immer nur Thatsachen aus zweiter Hand nehmen, Combinationen aber, die sich an jene knüpfen, falls sie für ihn nöthig sind, selbst prüfen, was, da die Methode für das gesammte Gebiet der historischen wie der philologischen Disciplinen sowie der vergleichenden Sprachwissenschaft im Wesentlichen dieselbe ist, nicht zu schwer sein kann.

Ohne Kenntniss des Sanskrits haben Männer wie Bentley, Porson, Hermann, Lachmann, Ritschl, Cobet und Andere ihren Namen dauernd in der Geschichte der griechischen oder römischen Grammatik und Metrik fixirt. Man wird sagen, es würde ihnen nützlich gewesen sein, wenn sie Sanskrit verstanden hätten, sie würden dann manche Einseitigkeiten und Verirrungen gemieden haben. Gewiss ist das richtig. Aber es ist sehr zu bezweifeln, ob sie mehr oder auch nur ebensoviel geleistet haben würden, wenn sie ihre Kraft zersplittert hätten.

Von verschiedenen Grundsätzen ausgegangen sehen wir eine Gattung Sprachgelehrter, von denen frühere Jahrhunderte nichts wussten, bei denen man nie recht erkennt, wo der Philologe aufhört und wo der Sprachvergleicher anfängt, und gegen die deshalb der Philologe, trotz des besten Willens, leicht ungerecht sein kann. Denn wir bemerken, dass sie nicht so in den alten Autoren, sowie in der philologischen Litteratur bewandert sind, um im strengen Sinn des Wortes als Philologen gelten zu können, um auf dem Gebiet der Philologie überall aus erster und zugleich bester Quelle zu schöpfen: aber wir können nicht beurtheilen, wie weit sie diesen Mangel durch desto gediegenere Kenntniss des Altindischen, Altpersischen, Altgermanischen, Kirchenslawischen, Celtischen u. s. w. compensiren.

Mag jeder nach seinem Ermessen handeln: mir scheint heutzutage der Spruch des Dichters »in der Beschränkung zeigt sich erst der Meister« besonders für den Philologen zu gelten.

Wenn endlich, wie es scheint, manche Philologen deshalb die Vereinigung der Sprachvergleichung mit ihrer Wissenschaft begünstigen, weil sie mit Hülfe des Sanskrit zahlreichere und wichtigere Resultate zu erreichen hoffen als durch Beschränkung auf das allerdings weit mehr untersuchte Gebiet der Philologie, so dürfte dies auf Täuschung beruhen. Denn in Wahrheit ist, wie schon oben bemerkt, in unserer Wissenschaft fast überall erst ein achtungswerther Anfang gemacht. Man braucht gar nicht so sehr in die Tiefen hinabzusteigen, um Entdeckungen zu machen, wenn man nur — zu entdecken versteht.

Wenn ich so im Interesse beider Disciplinen die Gränzen zwischen ihnen genau fixiren zu müssen glaubte, so bin ich dagegen für enges Zusammenwirken, aufrichtige Freundschaft, so zu sagen defensives und offensives Bündniss zwischen klassischer Philologie und Sprachvergleichung. Denn sie ergänzen sich wechselseitig. Der Sprachvergleicher hat naturgemäss einen weitern, freiern Blick für sprachliche Fragen als der Philologe: er kann oft, was in einer oder zwei verwandten Sprachen unerklärlich bleibt, durch Vergleichung mit anderen aufhellen. Wo bestände aber eine Sprache in der Welt, die nur aus sich überall erklärt werden könnte? Er kann andererseits für sich aus den Detailforschungen des Philologen im Latein oder Griechisch das zuverlässigste und ergiebigste Material ziehen, zu weiteren Resultaten auf seinem Gebiete, auf welchem, wie in allen, und zumal jungen, Wissenschaften, noch so vieles unklar ist. Denn der Philologe (natürlich der tüchtige) ersetzt das, was seinen Untersuchungen an Breite fehlt, durch Tiefe. Er beherrscht nur eine, im besten Fall zwei Litteraturen, aber das Geistesleben der klassischen Völker ist ihm dafür in Fleisch und Blut übergegangen — und nur einem Solchen erschliessen sich die innersten Geheimnisse der Sprache.

Deshalb wird auch immer erfreulich sein das Zusammenarbeiten von Philologen und Sprachvergleichern, während ich für das Zusammenarbeiten der Philologen unter sich nur ausnahmsweise bin. Welch ein dankbares Feld bietet z. B. ein Zusammenwirken für Homer, Plautus, die ältesten griechischen und lateinischen Inschriften, die dialectischen Inschriften der Griechen und Italer, die lateinischen Glossarien!

Natürlich wird sich für den Vertreter der formalen Philologie die Ausbeute, welche die Sprachvergleichung bietet, hauptsächlich auf die vorlitterarischen und zunächst ältesten Zeiten der klassischen Sprachen concentriren, und sie wird am meisten in der Formenlehre und Etymologie bemerklich werden, weniger in der Wortbedeutung, noch weniger in der Syntax, und am wenigsten wenn ich nicht irre, in der Prosodie und Metrik, vielleicht Homer ausgenommen, aber kaum Plautus.

So bildet die Sprachvergleichung theils den Vorposten der klassischen Philologie, theils den Begleiter von den frühesten Zeiten bis zum Ersterben der alten Sprachen, indem sie überall auszuhelfen sucht, wo die Kenntniss des Latein und Griechisch allein nicht ausreicht.

Zu solchem Zusammenwirken also kann nur eifrigst aufgefordert werden. Möge man dabei alle kleinlichen Eifersüchteleien aus dem Spiel lassen! Was liegt daran, ob zuerst der Philologe oder der Sprachvergleicher über das Digamma bei Homer, das auslautende d im ältesten Latein richtig geurtheilt hat? Der Wissenschaft kommt es nur darauf an, was entdeckt ist, nicht, wer entdeckt hat.

Mögen Philologie und Sprachvergleichung nie vergessen, dass sie beide einen gleich gefährlichen Gegner haben — den um sich greifenden Materialismus, der ein Feind aller philologischen wie historischen Forschung ist und sein muss.

Ich erwähnte vorhin des Zusammenarbeitens von Philologen.

Man hat es zuweilen bedauert, dass die Philologen so selten sich zu gemeinsamer Arbeit zusammenthun. Ich glaube aber, sie verdienen dafür mehr Lob als Tadel. Um dies zu begründen, muss ich freilich zunächst erklären, was ich unter gemeinsamer Arbeit verstehe.

Also ich meine darunter nicht das mehr mechanische Zusammenwirken, wenn, wie zuweilen geschieht, ältere, renommirte Gelehrte sich jüngere, in der Wissenschaft wenig bekannte Männer zugesellen, hauptsächlich zum Sammeln oder Gruppiren des Stoffes, so zu sagen für die gröbere Arbeit, während der Löwentheil des geistigen Schaffens und noch mehr des litterarischen Ruhmes ihnen bleibt. — Vielmehr handelt es sich nur darum, wie weit das vereinte Arbeiten zweier völlig gleichstehender und gleichberechtigter Philologen an ein und demselben Object der wissenschaftlichen Forschung zu empfehlen sei.

Ich meine nun, dass einem solchen, wenigstens in der formalen Philologie, sehr erhebliche Bedenken entgegenstehen. Ist es schon sehr schwierig, zwei gelehrte, zumal philologische, Köpfe unter einen Hut zu bringen, so erscheint solches bei der höchsten und edelsten Aufgabe der formalen Philologie, bei einheitlichen, künstlerisch abgerundeten Restitutionen von Werken der Litteratur, unmöglich, selbst wenn die Begabung zweier Philologen und die gegenseitige Connivenz ganz gleich wären. Denn wie jeder weiss, der sich einmal an jene Aufgabe gemacht hat, kommen für den Kritiker häufig so subtile Details des Wissens oder Erwägens in Betracht, dass es schon sehr schwer ist, sie einem Andern begreiflich zu machen, geschweige dass sie anders als durch die einheitliche Anstrengung eines, seiner Ziele und Mittel ganz genau bewussten, Geistes befriedigend erledigt werden könnten.

Ein Zusammenarbeiten erscheint also nur dann erspriesslich, wenn ein und derselbe Autor zugleich für die formale und die reale Philologie bedeutende Ausbeute gewährt. Dabei müsste aber als Regel gelten, dass die endgültige Gestaltung des Textes immer dem Formalisten anheimfiele (weil sonst das bez. Werk leicht ein buntscheckiges Aussehen erhalten könnte), und etwaige Divergenzen des Realisten in den Commentar verwiesen würden. So würde sich z. B. Virgils Aeneis zur gemeinsamen Bearbeitung durch einen Formalisten und Realisten eignen, in sofern es sich verlohnt, einmal methodisch zu prüfen, wieviel römische Alterthümer und welche eigentlich in der Aeneis stecken, wieviel die alten Erklärer nur hineingetragen. So könnte Livius erspriesslich zugleich von einem Formalisten und Historiker commentirt werden, da er zugleich eine geschichtliche Quelle erster Wichtigkeit und, nach Cicero und Caesar, das schönste Denkmal urbaner römischer Prosa ist. So würden die Lexica des Verrius Flaccus und Hesychius der vereinten Thätigkeit eines Realisten und Formalisten ein dankbares Feld bieten; und ihnen könnte sich, als Dritter im Bunde, ein Sprachvergleicher zugesellen.

Besonders wäre es erfreulich, wenn es gelänge, eine Anzahl Gelehrter, mit einem einheitlichen, vorher bis ins kleinste Detail fixirten Programm, zur Herausgabe eines neuen lateinischen oder griechischen Lexicons zu vereinigen, da die vorhandenen keineswegs dem heutigen Stande der Wissenschaft entsprechen, und jene Aufgaben die Kraft eines Einzelnen, und wäre es selbst die grösste, weit überschreiten. Ein solches Unternehmen wäre allerdings kaum auszuführen ohne staatliche Beihülfe, doch würde sich diese wohl finden.

Ich gehe jetzt zum letzten Theil dieser Schrift über, indem ich eine Anzahl Zusätze, die ich mir am Rande der wissenschaftlichen Biographie Ritschl's notirt habe, publicire.

S. 11 bitte ich nach Z. 3 einzufügen:

Noch ein Moment ist zur Empfehlung der eben dargelegten Ansicht hervorzuheben, das zwar wissenschaftlich kaum zählen kann, in der Rücksicht aber auf das Leben, deren selbst die klassische Philologie ohne Noth nie entrathen soll, desto bedeutender ist. Es ist eine stehende Klage, dass der Eifer für die klassischen Studien bei der Jugend, wenn sie kaum die Gymnasien verlassen, fast erloschen sei, dass ein nicht philologischer Student in den philologischen Auditorien heutzutage zu den seltensten Ausnahmen gehöre. Woher kommt dies? Zum Theil gewiss von der Erweiterung der Fachstudien in jedem Zweige der Wissenschaft, von den erhöhten, gelegentlich zu grossen Forderungen, welche von den staatlichen Examinatoren an die Candidaten gestellt werden, zum Theil aber auch gewiss daher, dass so viele philologische Professoren so wenig den Bedürfnissen der Gymnasien Rechnung tragen. Es wäre andernfalls gewiss zu gewärtigen, dass gar mancher Student anderer Disciplinen auf der Universität ein Verlangen zeigte zu erfahren, wie die Autoren seiner Schulzeit, Homer, Virgil, Horaz, Livius u. a. mit dem Auge der Wissenschaft betrachtet aussehen, oder ein lebensvolles Bild der griechischen oder römischen Litteratur, die ihm bis dahin nur in dunkeln und fragmentarischen Umrissen vorschwebten, zu gewinnen.

S. 14 ist hinter der fünftletzten Zeile Folgendes einzuschieben:

Man könnte gegen meine Exposition einwenden, dass ein Mann wie Ruhnken S. 256, 7 des Elogium (im 1. Bande seiner Opuscula) vielmehr es empfiehlt, in der Litteratur von jedem ältesten Muster auszugehen. Allein die Differenz zwischen uns ist nur scheinbar. Ruhnken schrieb, was man stets im Auge behalten muss, sein Elogium als Graecist. Für das Griechische aber gilt der Spruch des Horaz: »Graiorum sunt antiquissima quaeque scripta vel optima.« Natürlich muss man hier »antiquissima« relativ nehmen.

Der bewunderungswürdige Genius der Griechen hatte sich eben, wenigstens was die epische und lyrische Poesie betrifft, schon zu einer Zeit geregt und entwickelt, wo der Gebrauch der Schrift theils garnicht, theils sehr wenig bei ihnen zu finden war. So vergingen Jahrhunderte, bis das Epos, Jahrhunderte, bis die elegische, jambische und melische Poesie zur Blüthe gelangten. Die epischen Gedichte dieses vorklassischen Zeitraumes aber waren sämmtlich, die lyrischen gewiss grösstentheils den Alten selbst schon verloren gegangen, wie sie denn ganz richtig erkannten, dass Homers Ilias und Odyssee das älteste Denkmal der griechischen Litteratur sind. Auch in den übrigen Theilen der Litteratur waren ihnen gewiss eine ziemliche Anzahl der ältesten Werke verloren gegangen, die übrigen aber, soweit sie nur stoffliches Interesse boten, nicht durch künstlerische Behandlung ihres Objects sich auszeichneten, wurden vom Publicum nicht beachtet, bestanden also für dieses nicht, nur für gelehrte Forscher. — Ausserdem ist »antiquissima« auch in dem Sinne relativ zu nehmen, als Horaz ersichtlich hier die Griechen bis auf Alexander den Grossen denen der folgenden s. g. alexandrinischen Epoche gegenüber stellt ohne sich um die graue Vorzeit besonders zu kümmern. — So z. B., um sein Urtheil auf einen concreten Fall anzuwenden, meinte er gewiss nicht, dass die jonischen Logographen, die er schwerlich je angesehen hatte, zu den besten Vertretern der griechischen Geschichtsschreibung gehörten, weil sie die ältesten waren, sondern dachte an Herodot und Thucydides.

So verstanden ist also Hemsterhuis' von Ruhnken gebilligtes Urtheil ganz richtig: für das Lateinische aber würde er, wie ich glaube, bei den so wesentlich verschiedenen

Bedingungen der Entwicklung der römischen Litteratur, genau dieselben Grundsätze wie ich statuirt haben. Von selbst versteht es sich ferner, dass Hemsterhuis und Ruhnken nur vollständige Werke der ältesten griechischen Litteratur, keineswegs zerstückelte Fragmente als Grundlage philologischer Bildung benutzt sehen wollten, wie dies, wenn es dafür noch eines Beweises bedürfte, die a. a. O. folgende Exposition Ruhnkens documentirt.

S. 23 Z. 11 wolle man hinter den Worten »Angelo Mai entdeckt hat« einschalten:

Ritschl meinte [proleg. Trin. XXXVII], dass der Ambrosianus und alle übrigen Handschriften des Plautus demselben Archetypus entstammten. Ich bin aber vielmehr geneigt der Ansicht Studemund's und Benoist's[1]) beizutreten, welche Gelehrte meinen, dass der Ambrosianus einer wesentlich andern Recension entsprungen ist als der vetus, decurtatus und Ursinianus.

Definitiv wird sich dies erst entscheiden lassen, wenn der ganze kritische Apparat zu Plautus und namentlich alles, was vom Ambrosianus entziffert ist, zur Beurtheilung vorliegt. Hoffentlich wird Herr Professor Studemund seine Verdienste um Plautus durch die hier gewünschten Publicationen krönen und so seinen Namen für alle Zeiten mit dem des Plautus verbinden. Denn es unterliegt keinem Zweifel, dass das Lesen schwieriger Handschriften mindestens ebensosehr ein Werk des geistigen als des körperlichen Auges ist — und grade die Geschichte der Collationen Plautinischer Handschriften hat dies mehr denn genügend demonstrirt.

---

[1]) vgl. Hrn. Benoist kürzlich erschienenes Werk »Plaute Morceaux choisis« pag. IV der Préface.

Erst dann wird sich auch genau bestimmen lassen, ob, wie mir scheint, die Römischen und Heidelberger Codices, besonders der vetus, nicht blos in orthographischer Hinsicht, sondern auch (allerdings mit häufigen Ausnahmen) im Uebrigen die ursprüngliche Gestalt von Plautus Comödien treuer repräsentiren als der Ambrosianus oder nicht.

S. 29, 7:

Ebenso wird ein billiger Richter es entschuldbar finden, dass Ritschl häufiger, als sonst erlaubt ist, über die kritische Behandlung ein und derselben Stelle im Plautus zu verschiedenen Zeiten verschieden geurtheilt hat. Wenn freilich grade die künstlerische Thätigkeit des Kritikers, im Gegensatz zum Conjectator, soll sie nicht, so zu sagen, zum Kinderspott werden, einen völlig gereiften Geist, eine einheitliche, ihrer Zwecke und Mittel bewusste Kraft erfordert, so gilt doch das »dies diem docet« auch für sie, und zumal bei Plautus, wo das Terrain erst schrittweise erobert werden, die grammatischen und metrischen Gesetze einzeln eruirt werden müssen, um nicht selten, bald nach der Entdeckung beträchtlich modificirt zu werden.

S. 29 vor Z. 8 von unten:

Wenn die Gelehrten des 16. und der ersten Hälfte des 17. Jahrhunderts, mit feurigem Eifer, reicher Belesenheit, feinem Verständniss der plautinischen Komik, oft auch mit grosser divinatorischer Begabung, aber ohne zureichenden handschriftlichen Apparat, ohne genügende Benutzung des vorhandenen, endlich mangelhaft ausgerüstet mit Kenntniss der Grammatik und zumal der Metrik des Plautus, die jugendliche Periode der plautinischen Kritik bezeichnen, so beginnt mit Ritschl die Zeit der männlichen Reife. Des jüngern Geschlechts Aufgabe ist es, mit Vermeidung der oben geschilderten Mängel Ritschl's in seinem Geiste, doch ohne gedankenlos auf die Worte des Meisters zu schwören, die von Ritschl unternommene Arbeit weiter zu führen und, soweit möglich, zum Abschluss zu bringen, ohne Unterschied zwischen Ritschelianern und nicht-Ritschelianern. Denn es ist nicht zu wünschen, übrigens auch nicht zu fürchten, dass Plautus die ausschliessliche Domaine einer, wenn auch gut disciplinirten, und theilweise über namhafte Kräfte verfügenden, Schule werde.

S. 31 Z. 3 von unten hinter den Worten »desselben Gegenstandes«:

Namentlich billige ich auch Ritschl's mit den Jahren wachsende Strenge gegen den Hiatus, und kann das bekannte Zeugniss Ciceros, der überhaupt von altlateinischer Grammatik und Metrik sehr oberflächliche Kenntnisse hatte, hiergegen, meines Erachtens, nicht in Betracht kommen.

Wie es die Natur der Sache mit sich bringt, war das Gefühl der Hässlichkeit des Hiatus innerhalb eines oder zweier Wörter am stärksten in der ältesten Zeit des Griechischen und des Lateinischen: dem entsprechend mussten auch damals die Mittel zur Beseitigung jenes Missklangs die energischsten und die gegen ihn geübte Toleranz am seltensten sein. Dass manche sehr späte Dichter, wie Nonnus und Claudianus, eine weit grössere Abneigung gegen den Hiatus zeigen als Homer und Virgil, ist lediglich der Strenge starrer Schulobservanz beizumessen, keineswegs lebendigem Sprachgefühl, wie die rhythmischen Poesien der Römer und Byzantiner zeigen. Sonst könnte man auch annehmen, dass des Nonnus und Claudianus Zeitgenossen das Griechische und das Latein lautlich und prosodisch richtiger aussprachen als die des Homer und Virgil, da jene Dichter die prosodischen Gesetze strenger beobachten.

S. 32 Z. 4:

Hinsichtlich der einzelnen Versgattungen ist gelegentlich noch eine strengere Scheidung zwischen trochaischen Octonaren und anapästischen Tetrametern vorzunehmen, wobei, wenn ich nicht irre, diese im Vortheil sein werden. Weit unklarer als die Gesetze der jambischen und trochaischen metra (zumal der beiden häufigsten) sind die der anapästischen; und am meisten bleibt noch zu thun für Restitution der kretischen und bacchiischen, bei welcher man in neuerer Zeit mehr auf die prosodische Richtigkeit als auf die rhythmische Concinnität gesehen haben dürfte, wie dies auch Ritschl gelegentlich missbilligt hat.

S. 32 Z. 5 von unten lese man:

Namhafte Anhänger hat Ritschl's Doctrin mit Ausnahme Fleckeisens, der auch sonst gegen die von Ritschl empfangenen Plautinischen Eindrücke sich öfter zu weich bewiesen, wohl kaum gefunden.

S. 38 Z. 9 von unten:

Noch bemerke ich an dieser Stelle, dass die Annahme Ritschl's, des alten Cato »carmen de moribus« sei in Saturniern verfasst gewesen, meine entschiedene Billigung hat. Minder probabel scheint mir Kärcher's von Böckh vertretene Ansicht, es sei in catalectischen trochaischen Tetrametern geschrieben, obwohl sie sich hören lässt.[1]) Waren doch der jambische Trimeter und der trochaische Tetrameter seit alter Zeit bis an's Ende der Litteratur sehr populär

---

[1]) Danach bitte ich die d. r. m. 411 gegebene Auffassung zu modificiren.

bei den Römern, und es wäre nicht undenkbar, dass sie schon vor Livius Andronicus gelegentlich angewendet worden. Jedenfalls scheint das Verslein:

 malum consilium consultori pessimumst,

dessen Gellius IV, 5 gedenkt vor Einführung des Hexameters entstanden zu sein, da sonst sich nicht einsehen lässt, wesshalb der Schulmeister, der jenes für die Römische Jugend verfasste, den bekannten Spruch des Hesiodus:

 ἡ δὲ κακὴ βουλὴ τῷ βουλεύσαντι κακίστη

nicht gleichfalls durch den seit Ennius so schnell populär gewordenen Hexameter wiedergegeben hat. — Dagegen ist unstatthaft die Ansicht Fleckeisen's, dass Cato's Gedicht in Sotadeen verfasst sei. Von diesem Kernrömer kann man am wenigsten eine Anwendung jenes wunderlichen Versmasses erwarten, welches die grammatisirenden Liebhabereien des Ennius und Accius in die Römische Litteratur eingeführt und eingebürgert haben. Auch fällt es nicht schwer bei den Licenzen, die sich beide Dichter in Behandlung des Sotadeus verstattet, jedes beliebige Schriftstück des Römischen Alterthums in ähnliche Verse zu bringen.

S. 46 Z. 3 von unten ersuche ich zu lesen:

Natürlich gilt dies ebenso für Hypothesen, die sich ausschliesslich auf die handschriftliche Ueberlieferung stützen (welche übrigens beiläufig gesagt, mit Ausnahme des ablativischen, gelegentlich auch accusativischen »med« »ted« »sed,« dem »d paragogicum« wenig oder gar keinen Anhalt gewährt).

S. 52 Z. 6:

Da heutzutage manche Philologen den Schwerpunkt ihrer wissenschaftlichen Thätigkeit mit Vorliebe in Zeitschriften, bez. Programme verlegen, so glaube ich davor nachdrücklich warnen zu müssen. Wissenschaftliche Zeitschriften oder Programme sind unschätzbar, um fragmentarische Entdeckungen zu publiciren, um die Wissenschaft beständig in Fluss zu halten, und so vor dem Stagniren zu schützen, endlich dass sie das Aufeinanderplatzen der Geister — um Luther's bekannten Ausspruch zu wiederholen — vermitteln. Desshalb wird es ihnen, zumal im schreiblustigen Deutschland, auch nie an Stoff gebrechen. Dagegen sind sie nicht bestimmt, und sollen nicht dazu dienen, einheitliche Werke aufzunehmen, wenigstens soweit diese von solchem Umfange sind, dass ihre Publication buchhändlerisch ermöglicht ist. Denn bekanntlich sind die philologischen Verleger keine Freunde wenig umfangreicher Arbeiten. Schon der äussere Grund, dass Publicationen in Zeitschriften oder Programmen leicht dem Publicum entschwinden, sollte abhalten, in sie den Schwerpunkt litterarischer Thätigkeit zu verlegen, noch mehr der weit wichtigere, dass man bei solchem Verfahren leicht die Lust, bald auch die Fähigkeit verliert, den Geist zusammenzunehmen zu grossen einheitlichen Schöpfungen, die immer eine energische Concentration der wissenschaftlichen Begabung sowie ein sehr ernstes, oft schwieriges, Unterscheiden des Wesentlichen und Unwesentlichen erfordern. Ferner liegt die Gefahr nah, dass man sogar den richtigen Massstab für einheitliche Werke anderer Gelehrten verliert und in ein kleinliches Mäkeln geräth, bei dem man wer weiss was geleistet zu haben glaubt, wenn man an einem Dutzend Stellen Berichtigungen oder Supplemente gegeben hat.

S. 61 Z. 6 hinter »behandelt hat:«

Dabei zeigt sich bei den meisten Schülern Ritschl's eine auffällige Vernachlässigung der wichtigen Regel, dass nur dann die Behandlung von Fragmenten befriedigende, zum Abschluss hinführende Resultate verspricht, wenn man die Quellen, aus denen jene geschöpft sind, methodisch analysirt, und soweit möglich, bis zu ihrem ersten Ursprung verfolgt. Erst in weiter Instanz folgt die Sammlung des handschriftlichen Apparats und der Versuch der Textesbesserung durch Divination.

S. 63 Z. 6:
Man hat oft gesagt, ein Kritiker müsse Geschmack haben. Diese Vorschrift ist in ihrer Allgemeinheit ziemlich unklar und hat viel Uebel gestiftet. Myriaden falscher Conjecturen sind von Gelehrten, die wirklich oder in ihrer Einbildung geschmackvoller waren als die von ihnen behandelten Autoren, in die Texte der Alten importirt worden. Vielmehr muss der Geschmack eines Kritikers dem Proteus gleichen: der Kritiker muss bei einem geschmackvollen Werk geschmackvoll, bei einem geschmacklosen geschmacklos sein, auf dass er nicht, statt der Abschreiber, den Autor selbst meistere, grade wie ihm bei einem dummen Schriftsteller, z. B. Nonius, nichts übrig bleibt, als sich in seine Dummheit hineinzudenken. Also nicht sowohl der Geschmack in dem Sinne, den man gewöhnlich mit diesem Wort verbindet, macht den Kritiker, als das, wovon er den Namen hat — das Urtheil.

S. 65 Z. 3 ist was hinter »durchweg congruire« folgt so zu lesen:

Sie ist vielmehr mustergültig, wenn sie unter Abwehr aller unnöthigen Conjecturen und mit thunlichster Schonung der Ueberlieferung nirgend etwas bietet, was nachweislich für den behandelten Autor aus sprachlichen, metrischen, logischen, aesthetischen oder stofflichen Gründen unmöglich ist. — Freilich ergibt sich das hier Eingeschaltete, wie wohl noch manches andere Beifügsel des Supplements der wissenschaftlichen Biographie, für den aufmerksamen Leser ganz von selbst.

Wenn ich hoffen darf, dass in den »Gedanken über das Studium der klassischen Philologie« manches niedergelegt ist, was der Beachtung, vielleicht auch der Billigung des denkenden Publicums nicht unwürdig scheint, so wird andererseits der gerechte Kritiker nicht verkennen, dass nirgend etwas geboten ist, was mit dem Bilde Ritschl's und der klassischen Studien, wie es seit Jahren in meinem Geiste feststeht und in der wissenschaftlichen Biographie Ritschl's seinen Ausdruck gefunden hat, im geringsten Widerspruch stände. Dies Bild mag jetzt reicher und voller erscheinen: ein Veränderung hat es nicht erlitten.